上海滩绝代名媛

严幼韵传

李礼安 著

中国出版集团
现代出版社

图书在版编目（C I P）数据

上海滩绝代名媛：严幼韵传 / 李礼安著．—北京：现代出版社，2017.4
ISBN 978-7-5143-5578-9

Ⅰ.①上… Ⅱ.①李… Ⅲ.①严幼韵－传记
Ⅳ.①K828.5

中国版本图书馆 CIP 数据核字（2016）第 295357 号

上海滩绝代名媛：严幼韵传

作　　者	李礼安
责任编辑	袁子茵
出版发行	现代出版社
地　　址	北京市安定门外安华里 504 号
邮政编码	100011
电　　话	010-64267325　010-64245264（兼传真）
网　　址	www.1980xd.com
电子邮箱	xiandai@vip.sina.com
印　　刷	三河市南阳印刷有限公司
开　　本	880mm×1230mm　1/32
印　　张	6.5
版　　次	2017 年 4 月第 1 版　2017 年 4 月第 1 次印刷
书　　号	ISBN 978-7-5143-5578-9
定　　价	36.80 元

上海滩绝代名媛——严幼韵传

目　录
CONTENTS

序言

岁月是最诚恳的记录者，一点一滴收集着人生的每一次汗水与泪水；岁月也是最无情的审判者，翻手为云、覆手为雨，辗转间红颜枯骨，繁华落幕。

严幼韵，民国上海滩最后的大小姐。家境优越，父亲视她为掌上明珠，给了她公主般的生活。在她未记事时，已经习惯每日家中来往穿梭的人群。垄断官盐，设立银行，珠宝金器，这些都是她儿时听家中客人们向父亲汇报的生意内容。

在她 14 岁之前皆由家庭教师带着她读书，其他时间跟着母亲四处游历。美景如斯，华年如锦，父母给了她公主般的生活，还给了她公主也得不到的自由。貌美如花的严幼韵是沪江大学第一批女大学生。性情独立，喜欢自己开车，副驾驶上坐着家里配给她的司机。车牌“84”，Eighty-four，被传唱成为沪语里的“爱的花”，追她的人多如过江之鲫。

多少男子发誓愿意养她一辈子，严幼韵却说，她只找让她佩服的人，哪怕过不了这样奢华的生活，她也愿意一起工作养家。娇贵大小姐，却独立至此。外交官杨光泩街上偶然看见她开着车经过，一见倾心，一路跟随，终成眷属。

新婚不久，父亲辞世；生养三个女儿之后，丈夫杨光泩被日寇射杀；家中几次被盗，报警后却偶然发现失物中母亲留给她的钻石手链被警察局长送给了权贵夫人；彼时政局动荡，战火纷飞，繁华富贵如一夜春色，落叶萧萧。上海滩“爱的花”，一转眼成为遗孀寡妇。

严幼韵带着三个女儿远渡重洋，在纽约与房东斗智斗勇；看报纸，找工作，甚至差点儿成为保险推销员；为女儿们的学校奔走，还要以一己之力撑起一个家；彼时，华人在国际上地位极低，联合国礼宾官更是要面对着全球各国的元首大臣，动辄得咎。她，却成了联合国第一位华人礼宾官。

永远的一双高跟鞋一袭旗袍，微微一笑，她是让人不能忽视的存在。不论生活给了她什么，过着世俗人生的她，依然还是那位优雅温和的大小姐。严幼韵，独立中却又饱含了待人接物的真诚。她成了最受欢迎的人，她成功的事业让她活得像一位真正的公主。

岁月流金，111 岁的严幼韵，银发莞尔，旗袍高跟，大小姐的传奇依然在尘世上演。在这里，有一种优雅高贵，叫严幼韵。

第一章

严家－时光深处的异彩华章

未来与过往交错

111岁的老人，银发莞尔，香水高跟，优雅地走过漫长的一个世纪，走向永远的永远……

严幼韵，民国大上海最后一位大小姐，无可争议的民国名媛，却放下名媛的身段去养鸡喂猪，欣然泰然，乐然悠然。没有抱怨，没有沮丧，没有排斥。因为她是真正的名媛。

未来与过往的交错，时间和命运的叠加，名媛和独立女性的重合，闺秀与战士的转换，都是弥漫在整个民国史、现代史的传奇幽香。

有一种优雅叫从容，有一种智慧叫放下，有一种胸怀叫无畏。这是一个女子为我们演绎的一段传奇故事，这是一位百岁老人用人生诠释的繁华！

民国名媛的精粹在于显赫的家世、优雅的谈吐、端庄的仪表，深厚的学识，广博的见闻。除此之外，还应该具备的是特立独行的思想，坚忍不屈的性格，乐观积极的人生观。在民国名媛的群芳图中，严幼韵就是这样独特的一位。

1905 年，出生在晚清最后残喘年头里的严幼韵，并没有坠入那个时代的藩篱，而在如此现代的家庭氛围中长大，这是这位名门闺秀最大的幸运。命运在这朵特立独行的紫薇花绽放之初就铺垫了温润适宜的土壤，让她在一个世纪的长远岁月中释放着持久的幽香。正是在如此门第高贵，却无半点腐朽陋习的家里成长，所以才成就了严幼韵与众不同的风韵气度。正是在如此和谐温馨，没有一丝妻妾倾轧、兄弟失和的环境中成长，所以才促成了严幼韵乐天达观的豪爽性格。

美丽的严幼韵幸福、幸运地生活在这个大家庭里。自古至今，家庭对一个人的影响永远是最深远的。祖辈、父辈的一颦一笑、一言一行都是后辈模仿的典范。优雅从容走过一个世纪的严幼韵正是深受家庭的熏陶，才能步履坚定地走过人生的许多美好和更多的苦难。

严氏家族的荣耀从严幼韵的祖父开始了。李鸿章的幕僚，时任海关税务司司长的祖父严信厚，却无心眷恋仕途；虽是巨商独子，继承万贯家财的父亲严子均，却无半点纨绔子弟的不肖行状；虽是裹脚缠足，旧式礼教下长大的母亲杨丽芬，却无半点娇弱无知，坚守闺中庭院的苦情。正是如此现代、时尚、开明的家庭环境，培养塑造了严幼韵现代女性独立自主的个性。

也许是在蹒跚学步，咿呀学语之时，严幼韵就见惯了“谈笑有鸿儒，往来无白丁”的家常场景，听惯了政商精英的治世经济之道。

在父亲拓展家族企业庞大版图之时，年幼的严幼韵留心于父亲的每一次商业决策，每次的盘算斡旋。父亲从政经商置业的经纬宏论就是严幼韵最早的社会教科书。而母亲酷爱古典诗文，喜爱旅行的情怀又是儿时严幼韵学习模仿的最佳范本。

年幼的严幼韵亲历了父亲在祖父去世后最初的那几年间，整顿家族财务的艰难岁月，这位懵懂顽童很早就经历了家道几近中落的举步维艰。也许，那笔墨，那算盘，那厚厚的账簿曾是她手中的玩具。所以，在三十年之后，当失去丈夫消息，独自带着三个幼女，困守马尼拉时，严幼韵从未流下一滴眼泪，坚强而乐观地度过了生命中最苦难的岁月。

儿时的严幼韵毕竟目睹了父亲由奋斗青年变成商业巨子的全部过程，体味了在这个犹如蚕蛹蜕变的过程中的心酸苦痛。年幼的这一切经历，都为日后严幼韵能无师自通地做好外交官夫人以及联合国礼宾官打下了坚实的基础。

也许，“天将降大任于是人也”的种种考核都是为了成就日后的璀璨人生。任何人的人生精彩华章都不是无心之举，而是历经世事的一种自然而然的状态。所以，当我们刻意追逐命运的与众不同之时，不如安然认真地过好当下，演绎一段水到渠成的功成名就。

严幼韵出生后不久，严家举家南迁，来到上海。严幼韵在上海读了幼稚园。两个姐姐在上海中西女校读书。在教育启蒙阶段，严幼韵接受的就是最现代、最前沿的教育。六岁那年，幼韵又被父母带回了天津。因为，父亲要在天津接掌长芦盐业，还要兼任多个公司的董事。同时，父亲还被授予清政府农工商部的员外郎，虽然官职不大，仅类似于现今农业部的科员，但以当时祖父的声望和地位，父亲想要平步青云并不难，然而父亲并未积极奔向仕途。让所有人都没有想到的是，他的女儿严幼韵却一生和政治有着不解之缘。

这就是人生。任凭父母为子女谋划好何等似锦前程，子女的人生道路都将按照自己的意愿进行下去，在严父的心中，或许想象着到了垂暮之年，自己的哪一位子女能够接管自己的家族产业，并发扬光大。但是，严氏的后世子孙没有一人继承并发扬家业，这其中自有历史的不可逆转，社会的洪流冲击，更有严氏子孙的个人选择的无可奈何。严幼韵虽没有女承父业，成为一代商业巾帼，却在政治的舞台上惊艳出场，呈现了令人赞叹的才华。

再次回到天津的严幼韵已然到了真正读书识字的年龄，见过了“大场面”的她似乎并不是个“三好学生”。家里为她请了私人家教李先生。李先生是位深受儒家思想影响的儒生学究，在天津享有盛誉，很多大户人家都请他到家里做老师。李老师在家中教授严幼韵诗词歌赋和古典文学。也许是“之乎者也”的文言太过拗口晦涩，且又时代久远，纲常伦理太过不通人情，禁锢人性，所以年少的严幼韵并不爱学习。

她更喜欢和母亲四处旅行，在寺院，听灵隐寺的晨钟暮鼓，到西湖边大口地品尝东坡肉，还有味道鲜美、肉质滑嫩的西湖醋鱼。或是和全家人在夏天的时候到青岛、北戴河等地消暑度假。抑或是陪母亲早晨起来，坐着马车，到集市上挑选各色金鱼。总之，在年少的严幼韵心里，这些亲近自然、感知世界的“课程”更具吸引力。

若说学习，严幼韵也并非完全排斥。对于另外一位老师教授的英语和数学，严幼韵还是颇感兴趣的。正是这段时间对英语的学习，才奠定了她日后进入天津中西女校学习的语言基础。以及之后陪伴杨光泩赴任欧洲时，应对各色人等的“天赋”卓然。

事实上，严幼韵在家读私塾的这段时间，正是整个中国进行“壮士扼腕”的关键时期。严幼韵六岁那一年回天津念私塾，七岁那年，也就是1912年，辛亥革命唤醒了沉睡在清朝上国大梦中的人们。在这之后的一段时间里，当更多的人还在迟疑是否要剪掉辫子时，当少数人还在为皇帝复辟奔走劳碌时，当一些人还在迷茫于人世已改时，这个并未接受过多少传统儒家思想教化的严家，已经开始给他们的女儿找英文老师，让他们的女儿了解自然科学了。当更多的名媛闺秀还在念旧式私塾之时，严幼韵已经在为去念教会学校——天津中西女中而做着各种准备了。从天津中西女中走出过许多名震民国、声震世界的人物。严幼韵是其中之一，此外还有她的朋友赵一荻。

在严幼韵的求学生涯中，虽没有像上海滩赫赫有名的“宋氏三姐妹”一样留洋镀金的经历。但在严幼韵的家族骨血里早就注入了西方现代的基因。中西合璧，传统与现代兼修的女子严幼韵在生命的最初阶段就注定了与众不同。不同于其他一些名媛们认同宿命；不同于其他一些闺秀们亦步亦趋；不同于其他一些女子们长在深闺不识人。

严幼韵的祖父是将现代机器引入中国工厂的第一人。从那台“怪异”的机器接受长袍马褂的世人审视，发出第一声轰响时，在整个家族的命运之外，早已浇铸了别样的图腾。而严幼韵一定是将这个家族图腾诠释到极致的最优秀的严氏子孙。

未来与过往的交错，交织成的是一个女子的传奇人生。严幼韵以其特立独行的品格行走在民国与现代的人世间。毫无羞涩，毫无畏惧，活得鲜活，活得生动，活得惊艳四方，活得潇洒流畅。

命运之外的图腾

从晚清到民国，动乱漂离。历史的轮回，让后来的许多学者由这个时代推想到了两千年前的春秋和战国。同样的离乱，同样的群雄割据。千年间，历史以惊人的相似勾画着不同人相似又异样的命运图腾。

在大上海的严家，和名噪一时的“中国商父”盛宣怀的盛家一样，被许多人贴上了官僚买办的标签。中国民族资产阶级在产生之初就与官府有扯不清、理还乱的关系。这样一群人，被之后的历史定义为政府的依附，财富积聚的圣手。但是，严家与其他当年的京沪豪门买办官僚不同的是，这是一个和权力与政治亦近亦疏的家族，这是一个被保守传统的外壳包裹严实，内里却极具现代气息的家族。这一点有一个鲜明的佐证，严幼韵的父亲，光绪年间出生的人，长袍马褂，留着辫子，却精通外语，并且英文书法极好。

无论从家族成员的思想、理念、性格，抑或是行事做派、生活情调、教育背景来看，严氏一族都深深地被烙上了现代因子的痕迹。中西合璧的华彩在严氏大家族里光芒四射，照进家庭的每一个角落，[illegible]。

而这一切都要从多年之前讲起……

大明洪武十四年（1831），绵延了七千年之久历史的“明州府”，因要避讳大明朝的国号“明”，而被明太祖朱元璋朱笔御批改作“宁波”。取自“海定则波宁”之意，祈愿海疆安宁。这是历朝历代君主对于疆土安定，氓庶顺和的美好理想。自此“宁波”这个名字沿用至今，未曾更改。

在日月更替的千年历史流转中，“宁”、“安”是永恒不变的主题，但是这个在当时来讲地处偏远的海港宁波，并没有深受儒家自宋代以来“厚本抑末”思想的影响。自明朝末期，宁波人便开始摆脱农耕社会的束缚，在经商这条当时并不被社会认可的道路上孜孜以求探索前行。经过百年四代人三个重要时期的发展，宁波商人逐渐形成对当时社会经济产生深远影响的“宁波商帮”。在明清时期，“宁波商帮”已经成为中国第一大商帮。

“宁波商帮”在清朝末年的风雨飘摇中一路高歌猛进，奋然前行。这之中有严幼韵的祖父慈溪人严信厚。祖父严信厚，字筱舫，1839 年出生在浙江省宁波市郊的慈溪。对于祖父，严幼韵并没有太多记忆，大部分的信息都是幼年时听父亲讲述的。之后又有幼韵的姐姐严彩韵的研究为佐证，以及祖父写给清末显赫官商盛宣怀书信作依凭。

祖父去世时，年幼的幼韵刚刚蹒跚学步，但严幼韵的家族印记要从祖父严信厚开始讲起。严氏在当地是名门望族，书香门第，诗礼传家。当地有“先有丁陶张，后有应费严”之说。严幼韵的曾祖严桓生性仁爱宽厚，颇爱诗词书画，所以严幼韵的祖父自幼在私塾中就读，颇喜文墨。后因家道中落，为文不成，便去经商。这也是江浙一带普遍认同的社会价值。

清咸丰五年（1855），恒兴钱铺的学徒正在擦拭牌匾，一个气宇非凡，眉宇间自带一股英气的中年男子走了进来。此人是来讨债的，恒兴钱铺的吴老板因经营不善，已经是寅吃卯粮。讨债的人已经上门了，气急败坏的吴老板把一腔恶气都撒在正在门口擦拭招牌的学徒身上。进门讨债的人一眼看中了这个语出不凡的小学徒，当即和吴老板要了他，随后安排他到杭州的信源银楼做“信房”。这个学徒就是严幼韵的祖父严信厚。这个讨债不成领走学徒的人正是红顶商人胡雪岩。

当时的晚清末年，朝廷里有“左李之争”。左宗棠和李鸿章同是朝中深受慈禧和光绪帝倚重的大臣，但是自从同治帝开始，两人结怨颇深，矛盾重重。而当时的社会，流行“商而优则仕”。在信源银楼做“信房”不久，由于严信厚颇得胡雪岩的赏识与倚重，所以被引荐给了李鸿章做幕僚，并很快受到重用，担任了政府要职。1885年，严信厚被委派管理政府垄断的长芦盐业并被任命于海关税务司。此后，严信厚秉承着“诚信经商”的理念，一步一步成长为上海滩的有名的金融家。在严信厚看来，长芦是他起家的祥址。所以后来严信厚在上海的府邸被他命名为“长芦小馆”，以此来纪念他当年奋起发家的那段峥嵘岁月，告诫子孙莫要玩物丧志，好逸恶劳。

当时在李鸿章众多的幕僚中最为李鸿章信任和重用的当属盛宣怀。而盛宣怀也是严信厚得以发迹的关键性人物。盛宣怀被誉为中国实业之父。他一生功业颇丰，不仅创办了北洋大学，中国红十字会，还促成了中国第一个现代银行——中国通商银行。提到盛宣怀，不得不说他在商界的惊人之举——拖垮了胡雪岩，替李鸿章肃清了政敌左宗棠。严信厚先受雇于胡雪岩，后交好于盛宣怀。在政商两届的血雨腥风中，严信厚能够明哲保身，终成一家的至关重要的原因就是他行事谨小慎微，从不贪恋权贵和财富。尽管官职在身，但是严信厚还是把大量的精力投放到兴办企业上面。正是不慕名利的赤子之心，让严信厚在短短的几十年里在中国的商界开疆拓土，高歌猛进，在这个过程中积累了大量的财富。

在盛宣怀的鼎力相助之下，他成为中国通商银行首任总董，创办了庞大的严氏产业帝国，兴建了众多工厂，开设各种公司，包括宁波通久源纺织局、连锁钱庄源丰润票号、一家药厂、一家保险公司、一家陶瓷厂、一家位于上海南京路的高档绸缎庄老九章，并在天津投资物华楼金店经营各种金银珠宝。在不断地求取和积累中，严信厚成为中国东南部首屈一指的大商人，宁波商帮的代表性人物。

南方人有一个传统，在外打拼有所积蓄之后，一定要回到家乡重置家业。严信厚在慈溪村外的广阔农田上建造了一栋二层豪宅。一来向世人展现严氏家族的兴盛繁荣，二来求严氏列祖列宗庇佑严氏子孙福寿绵延。这栋祖宅建在现在的宁波费市的郊野。占地万亩农田，青山白水间一栋宏伟壮阔的建筑与自然相映成趣。虽说是祖宅，但是严信厚及其家人却从未在此生活使用过。只有管家在此办公，处理日常琐事，并在收获的时节负责为严氏家族成员分配粮食。这栋祖宅除了供奉祖宗牌位之外还是当地的义塾，免费为本村的穷苦子弟提供教育。此外芝生痘局也在此地，为村民们免费提供水痘疫苗。这正是严信厚要在家乡宁波慈溪（现在的费市村）修建宅邸的重要原因。严氏一族一直秉承着诗礼传家、厚德载物的祖训。荫蔽后人，福泽四方，是严氏无可推卸的社会责任和家族义务。

不仅仅如此，严信厚还十分慷慨热心于公益事业，助资修建了塘沽铁路和宁波铁路。这一壮举也深深地影响了严氏子孙。晚年的严幼韵一直广散家财，捐助众多。都是源于严氏家训里有一条，那就是以福泽万方为己任。

一方水土滋养一方仁人。在浙江宁波的这块土地上，名流显贵层出不穷，仁人志士辈出，严信厚作为官商的代表，亦爱书画文墨。严信厚热衷于收集古代大家的书画，家中藏有几百幅不同时期各种尺寸的卷轴书画。同时，深受父亲严恒的影响，严信厚自己也工于书画，尤其是以画芦雁而闻名。远近来求他墨宝的人不计其数。

书画磨炼人的心性，在充满尔虞我诈的当时社会里，在周围聚集了众多满身铜臭气的环境里，严信厚能够摒除心中世俗的杂念，躲进书斋，挥弄笔墨，满室盈香。也可算作浊清混杂的世界里为自己的心灵辟得一方净土了。

宅心仁厚，乐善好施是对严信厚性格的最好评价。严信厚虽是富甲一方的大商人，临去世前受到光绪皇帝的召见，被授予京都候补道。去世以后，慈禧太后和光绪皇帝下旨表彰他的功绩，并敕造碑文，以示纪念。严信厚虽出身学徒，却励精图治，广散家财，因而所到之处备受礼遇，不图仕而官途显达，不欲彰而千古流传。

相由心生，严信厚相貌忠厚，宽额薄唇，目光如炬，须髯儒风，此乃一代官商之代表，并不是普通的官僚买办所能比的。在民族资产阶级萌生的十九世纪，严信厚以其独到的眼光，信守承诺的风格，开创了严氏一族的基业，并将其推上了历史的顶峰，严信厚去世之后，家业一度临危受阻，几近破产。

左手书画，右手棉麻。一边不为功名利禄求进取，一边诗酒书画度此生。在众多的官商中，固有胡雪岩、盛宣怀这样的登峰造极之人，亦有严信厚这般中流砥柱的儒商俊才。这一切的一切，都在证明着，在严幼韵所仰赖的严氏家族里，早已镌刻着命运之外的别样图腾。

一粒慈善的种子

2016 年 6 月 14 日，风和日暄，在宁波帮博物馆里，政要商贾云集。由旅美雕塑家张聪先生创作的严信厚雕像落成典礼正在进行。每一位宁波人都知晓“宁波帮”。然而，却不是每一位知道“宁波帮”的人都了解严信厚。但是，在一百多年前的宁波，却人人都知道这位多才善贾的大慈善家。

张聪，生于1975年，山东枣庄人，旅美雕塑家。2004年因成功创作美国弗吉尼亚州海滩市大型城市标志雕塑《海王星》而闻名。

对于为宁波帮博物馆设计创作名人雕像这件事情，张聪有自己的理解。他说："他们是贵族，无关财富、身份、地位。他们贡献卓著，是名副其实的人生贵族。"整整三年的时间，张聪把所有的经历都投放到了这十尊雕像上。他也仿佛走过了十个传奇的人生，又像经历了一场怀胎分娩的过程。

这就是人生，是只有一次单程的车票，沿途所经过的都是驿站。在短促的驻足之后，必将重新踏上征程。而丰富人生旅途最好的方式之一，就是用自己喜欢的任何方式去"经历"别人的人生，去"体味"别人的酸甜苦辣，去"历练"别人的坎坷磨难，同样，也去享受别人的清静安闲，野鹤闲云。

早在2014年7月31日15时，前九位宁波帮名士雕像的揭幕仪式在宁波帮博物馆举行。而为何，时隔三年，被誉为"宁波帮开山鼻祖"的严信厚的雕像才与另外九人同列呢？因为，相比上述九位，生于晚晴，卒于民国的严信厚年龄最长，留存下来的照片最少，创作的难度也就最大。"他长什么模样，有着怎样的脾气、秉性，我们知之甚少。"张聪如此感慨。

揭幕现场，我们看到的"严信厚"，造型古朴，色调稳重，人物形象端严、大气，颇有先贤古风。之前完成的九尊宁波帮人士雕像的眼睛都是向下的，有俯视的感觉，而严信厚塑像的眼睛却是望向远方。

相貌各异，精神共通，皆具奉献、谦逊、不落世俗的贵族气质。

但是，严老更像是一位勤恳的拓荒者。虽后有香港“电视之父”邵逸夫，“世界船王”董浩云——第一任香港特别行政长官董建华之父，披荆斩棘，锐意进取。但是在这些宁波商业巨子之前，永远站着一位先驱——严信厚。他的眼界和思想是开放的，无畏的。是高瞻远瞩，深谋远虑的。

严信厚的经商才智，慈善义举，在同乡中的信誉、威望，对后辈的提携、帮扶是有目共睹的。所以，这位老者，姗姗来迟，于2016年6月14日，与其他九位“晚生”集聚一堂。

当现在的中国大陆随处可见“逸夫楼”时，早在百年前的宁波，中西式储才学堂就已经书声琅琅。1897年，严信厚与宁波知府程云俶等商议，决定以“革新图强，储备人才”为办学宗旨，设立中西式学堂。

在第一批进校的学生中，就有后来成为中国近代物理学先驱者、北京大学物理系首任系主任的何育杰，爱国诗人、曾任《天铎报》主笔和北大教授的洪佛矢，北大教授叶叔眉，南社诗人费公直等。储才学堂1904年改名为宁波府中学，成为宁波中学的前身。这所百年老校，现在依然教育培养着勤劳、聪慧、仁爱、自强的宁波子弟。

不仅如此，严信厚还在慈溪村外的千亩良田上建造了严氏祖宅。漂泊四海的严氏一族却从未在这里真正地住过，除了每年的回乡祭祖外，大部分的时间都是空着的。这栋二层楼房的宅院主要的用途是慈溪村的义塾和芝生痘局。严信厚深知，医心和医身同样重要。所以，就在严氏列祖列宗神灵的庇护下，许多村里的孩子有书读，许多村里染病的人有药吃。

当一个人的内心不仅装着自己和家眷，还有素昧平生的其他人的福祉时，这个人是值得所有人敬仰向慕的。

严信厚逝世后葬于镇海。严幼韵的父亲严子均遵照父亲的遗愿，把部分遗产捐献给了慈善事业。并且，严子均还将严信厚在慈溪村祖屋的慈善活动发扬光大，为宁波教会医院多次捐款，为天津的天主教堂捐助过土地。

上善若水，水善利万物而不争，处众人之所恶，故几于道。

如此厚德载物的品格影响了严幼韵，一粒慈善的种子就这样在严幼韵的生活和精神世界里生根发芽，开枝散叶，荫庇后世。

1930年，父亲严子均去世。1933年，严幼韵随夫回国。第一件事，就是和姐姐一起，把从父亲那里继承的遗产中的一部分捐给了南京金陵女子大学。这所大学，留住了严幼韵两个姐姐最美好的年华。

即使，在马尼拉最艰难的岁月里，生活拮据的严幼韵依然帮扶了许多贫苦的公使馆职员的妻眷。几乎所有认识杨光泩和严幼韵的职员都向寡居的严幼韵投奔而来。原本奢华的别墅顿时变成了名副其实的“大杂院”。本就是遭逢战乱的年代，政府的薪水又少得可怜，所以，一千多个战时岁月，没有一位“太太”主动提出要分担生活费用。严幼韵也不愿意向她们张口要钱。

幸好，早在日本人入侵马尼拉之前，严幼韵就把所有的银行存款都提了出来。即使这样，身在海外的严幼韵也时常写信给上海的家人，请他们帮衬。而当时的国内形势更加糟糕，严家的境遇也是举步维艰。但是，对于漂泊异乡的幼韵的请求，兄弟姐妹们从来没有拒绝过。严幼韵每每拿着从几万公里远的上海寄来的钱款时，内心都会荡起亦苦亦甜的微澜。

在驻守马尼拉的日子里，严幼韵几乎花光了所有的积蓄。在身无分文、朝不保夕、光涖生死未卜的岁月里，她从未流过一滴眼泪，也从未彷徨失意。虽然家徒四壁，但内心依然是温热的，因为在她“殚其地之出，竭其庐之入”的仁义善举之后，萧太太王若璧和她八岁的女儿芦生，还有襁褓中的儿子尚德，可以甜美地相拥而睡；姚太太杨锡珍和五岁的女儿舜华可以偶尔吃上一餐肉；莫太太罗淑华和十二岁的大儿子莫伟雄，八岁的小儿子莫伟俊可以吃饱穿暖；客厅里的张先生和张太太也能结伴在花园里悠闲地牵着手散步。

或许，那个时候的严幼韵看着家家碗里的菜，户户夜里的灯，会不禁想起：儿时，父亲在天津市中心，仿照北方建筑为员工建造的一些农舍——城中村。那时没有战火流弹的横飞，没有妻离子散、家破人亡的惨象。有的全是农舍院子里喂得肥大的家猪；有的全是终日烧火的热炕头儿；有的全是灶台大锅里炖着的鱼和蒸着的米饼；有的全是孩子们的玩笑声和妻子们炕上缝缝补补的身影。

广散家财，乐善好施是严家的祖风和家训，是流淌于严氏家族里的别样血液，是枝叶繁茂、福泽四方的参天大树。这树的枝叶已经伸入杨家、顾家、唐家，这树的根系已经由中国的土地里延伸到世界各地。

如果，家财万贯广施恩泽，被视为义不容辞，那么家贫如洗，依然能倾囊相助就是人间大爱。

上海严家，富贵的别称

什么是民国时期上海的摩登？

据说，在民国时期，有一位作家叫苏梅，她写过几句饶有兴味的诗描摹大上海街市的繁华：

飞楼百丈凌霄汉，车水马如龙，

南京路繁盛谁同！

天街十丈平如砥，岂有软红飞。

美人如花不可数，衣香鬓影春风微。

苏梅女士的有无尚未可知，但是上海繁华的街市景象以及俊男艳女的姿容却是真实存在过的。上海在发展之初即与世界接轨，并延续世界超一流的现代化都市发展模式，披星戴月般奔向未来。

繁华的街市，林立的高楼，穿梭在街巷的豪华轿车，旖旎婀娜的女子身上的锦罗，总会让人忆起当年的杭州。当漂泊流浪的柳郎，四处寻找晋升的门路时，他来到了人烟阜盛的杭州。于是，极富才情的柳永拿着《望海潮·东南形胜》去谒见孙何。虽然结果是：在孙何的眼中，一介布衣的柳永只是一个穷酸落魄的人。简单的餐食，几句寒暄，便打发了他。但是千古流传的佳句却从酒席间滑向千年。

东南形胜，三吴都会，钱塘自古繁华。

烟柳画桥，风帘翠幕，参差十万人家。

这就是柳词中的杭州，这就是暖风吹醉了南宋君王的杭州，这就是千年前的摩登之都。杭州，一座留下了千年历史文化的城市；西湖，一片沉淀着千古风情的水域。

拿上海和杭州相比，上海自是少了许多文化和历史的积淀，多的是现代与摩登。

就在百年前的上海：富商云集，政客窝聚，香车宝马，高楼低墙，吴侬软语，小笼香膏。

而严氏一族自是在上海滩里展现了所有的“布尔乔亚”的小资生活。严幼韵无疑是诠释这种生活方式最好的一位严氏成员。

当严氏一族兴旺上海滩之时，民国的第一豪门——宋氏，他们家族的掌门人宋耀和刚刚离开只有九户人家的贫苦的古路园村。1917年，原本姓韩的宋耀和，更名改姓，开始了荣祖耀祖的征程。就在那个时候，享誉海内外，官至一品大员的红顶商人胡雪岩，早已经在与盛宣怀的商战中败落，仰天长啸：“人气已散，春风难再。”因此，说严氏一族是民国豪贵的先驱未为不可。

说来，胡雪岩还是严幼韵的祖父严信厚的伯乐。正是当年胡雪岩的栽培、赏识、重用和举荐，才有了今日的严氏。命运多舛，否泰相依，荣衰互转。谁又能料想到，当年富可敌国的胡雪岩手下的学徒严信厚，会凭借自己的机敏睿智，经过二十载的苦心经营，开创了一番霸业。

富，是财富，是在任何一个时期、任何一个社会、任何一个地域都会被用来衡量一个人是否成功的标准。君子爱财，取之有道。严信厚以非凡的手法积聚和积累财富之时，想必也是在证明自己的成功吧。

贵，是地位显要。作为直隶总督李鸿章的幕僚的严信厚，去世之前得以觐见皇帝，被授予官职，去世之后又因功绩卓著，被慈禧太后和光绪皇帝下旨表彰。皇恩浩荡，人臣拳拳。这些对于严信厚来说，无疑是一份贵气至极的尊宠。

上海的严家，富贵的别称。中国通商银行首任总董的孙女——严幼韵在这家境殷实、地位显赫的家中长大，自是看惯了钟鸣鼎食、朱轮华毂，也必定是翠绕珠围、一掷千金的大小姐。但是，从朱门绣户里走出来的民国最后一位名媛用一生告诉人们，她并没有过着纸醉金迷的生活，也没有在大上海的名利场中沉沦，而是，冲出了珠玉的重围，用自己的才气和魅力挣得了一份殊荣。

不是所有含着金汤匙出生的孩子都会沉迷于锦衣玉食。只有视金钱地位如泥沙的人，才会在继承财富的同时也因袭那一份属于家族的荣光。所以，对于一件衣服几乎从不穿第二次的严幼韵来说，珠冠华服只是过眼云烟，内心的坚守才是一生的财富。坚守爱情，坚守自由，坚守内心，坚守一切她认为对的事情。正因如此，严幼韵的富有延续了一个世纪之久。严幼韵的贵气，蔓延了整个民国。

严氏一族究竟有多少财富，没有准确可靠的数据。在严幼韵的父亲辞世之后，当分配家产之时，严幼韵尚在海外，只是嘱托二姐莲韵代为保管。自严信厚开始，日积月累的财富究竟有多少，没有人清楚知道。或许，也不需要知道，因为钱财原本就是身外之物，超过了生活所需，其余只是数字。

现在我们只能从历史残存的碎片中拼凑当年上海滩富贵至极的严氏产业全貌：

产业：遍及北京、天津、上海、广东、福建、宁波，几乎各大城市都有严氏的房产，其中以上海为最。

公司：1896年创办通久源纺织局。1905年，创办连锁钱庄——源丰润票号。除此之外还有一家药厂，一家保险公司，一家位于上海南京路的高档绸缎庄“老九章”，一家陶瓷厂。在天津开设了物华楼金店。

如果说这些都是一些光鲜的称号。那么，严氏在上海的宅邸，可谓宏阔壮观。严家建在南京东路的老宅是何等的恢宏壮丽自不必说，单是严子均在上海选址新建的花园式建筑就已经让人难望项背了。

占据静安寺（今南京西路）半个街区和地丰路整个街区，这片地域，在今天的上海，是绝对的寸土寸金的地段，是寸金难换寸土的城市中心。百年前，在这个地方，建起了严家的乐园。

这是一座花园式建筑。主体是一栋欧式的三层楼尖顶建筑。房子的正面两侧是带有凸窗的房间。这样的凸窗呈半圆形，从一楼通至三楼。并且宽敞明亮的阳台贯通着二楼和三楼两侧带有凸窗的房间。一层主要是用于祭祀的大厅，这是南方家宅传统的设置。另外还有一个客厅，一个宴会厅，书房，账房先生和他的下属们办公的套房。二层住的是严幼韵的祖母、二奶奶和大哥一家。三层住的是严幼韵一家。

除此之外，大楼的南面是巨大的花园。花园里种着高大的梧桐树，还有玻璃花房。

在过去的那个年代，一户人家的宅院格局规模显示着这户人间的富贵程度，如此广阔的深宅厚院，向整个大上海显示着严氏一族的富贵荣华。

富贵荣华皆是浮萍，严氏当年的宅院早已拆除，现在的南京东路已是游人如织、昼夜灯火绚烂的街市。站在静安寺区，穿越时空，逆溯往事，逆溯历史烟云，回到百年前的旧上海，看一看严家上下老小八十多口人的奢华生活，看一看年少的幼韵用小厨房刚做好的法式皇家奶油鸡招待朋友，看一看门口站着的印度管家和中国警察……

严氏一族的鼎盛，为我们讲述了一个关于旧上海、旧民国的财富传奇。

第二章

童年 - 如斯流年忆点滴

老房子的低吟诉说

先有四方城，后有天津卫。天津老城厢就是个让天津人承接地气，安放心灵的所在。始于明永乐二年（1404），几百年间，老城厢气场聚集，让无论是城市精英，还是普通百姓，都能在这里找到“精神皈依”。老城厢自有它的热闹、祥和、悠闲。有着洞悉繁华富贵后的从容、宁静、致远。

严幼韵的童年便生活在天津老城厢经司胡同的盐号里。

在民国第一豪门——宋家的“宋氏三姐妹”享誉华夏之前，上海和天津的街头巷尾，人们常常谈论的是“严家三姐妹”——严彩韵、严莲韵、严幼韵。实际上，严家应该是“五朵金花”。但是，早在严彩韵（大姐）出生之前，父亲严子均与原配夫人张氏生的大女儿就远嫁到北京的金家去了。小女儿严华韵出生又比较晚。所以，严家的女孩中与严幼韵同时长大的只有大姐严彩韵，二姐严莲韵。1905

年出生的严幼韵在当时最小，所以取名“幼韵”。

这三位传奇的女子，不仅早于才貌双全的林徽因、风华绝代的陆小曼、文采斐然的张爱玲许多年出生，而且三位品貌出众的名媛闺秀在求学进取上，更优于以上的三位。如果时光可以倒流，回到那个人才济济、美女如云的民国。或许，在林徽因、陆小曼和张爱玲的心中，严家的三姐妹才是她们追捧的“青春偶像”。

严幼韵三姐妹虽然名气不及“宋氏三姐妹”响亮，但其雍容华贵的知识女性的特有气质，即使饱经风霜，依旧泰然自若的品行，却让后人崇敬、仰视。严幼韵在纽约过107岁生日的时候，说过一句意味深长的话：“我一世经历过很多不幸的事情，不过总是过来了。我总是想，事情本来可以变得更坏。”

仅凭着这达观的气度和胸怀，就已经胜过红颜无数。

1885年，幼韵的祖父严信厚被李鸿章任命为天津盐务帮办。不久，又在天津开设了“老九章”绸缎分号，将上海城隍庙的物华楼金店分号也开到了天津，并在天津老城厢东门里经司胡同开办了同德盐号，经营天津盐业生意。经过二十年的苦心经营，当幼韵的父亲严子均已经到了可以独当一面的时候，便携带家眷来到天津，住进了老城厢的老房子里。时过百年，现在经司胡同里的老房子在低吟诉说着幼韵及姐妹们的美好童年。

童年总是让所有人回忆着、温存着、祭奠着。谁的青春不迷茫，谁的童年不欢愉。在家族生意繁茂鼎盛的岁月里，幼韵及兄弟姐妹们的生活是鼎铛玉石、无忧无虑的。每天，“老九章”绸缎铺的工人们都会挑选最精美上等的衣料来到严府，供姐妹几个捡拾、挑选。

晚年的严幼韵经常回忆说，那个时候，几乎每天都穿新衣服，每件款式精美别致的衣裙只会穿一次，紧接着的又一个清晨，就又会有女仆捧来由手艺精湛的老裁缝做好的新衣裳。

严氏姐妹们无论在天津还是在上海都是街边一道亮丽的风景。当然，这不仅仅是因为一件件华美的锦袍绣鞋，而更多是她们的智慧和才气。

这个还要从宣统元年（1909）的金融风暴说起。当两岁半的小皇帝溥仪在皇帝的宝座上哭闹不止，吵着要回家的时候。风云变幻的北京城正在迎接着一场世界金融风暴的来袭。也正是这场股票风波，让西方帝国入侵东方的脚步加快了许多。严家的家族产业也因此受到橡胶股票风波和金融业危机的重创。还好，有父亲的力挽狂澜，严家才平安渡过危难。

可是，在这一次有惊无险的风波之后，严子均对于家族产业的延续多了一份思考和筹谋，从此十分重视子女们的教育问题。晚年的严幼韵每每回忆父亲时，都会说："父亲对我们这些孩子很好，特别是女孩子，享有和男孩子同等的接受教育的权利。"正是父亲的高瞻远瞩，未雨绸缪，所以严幼韵姐妹很早就接受了现代教育，而不是像其他大户人家那样，念私塾，读经史子集。

严幼韵的姐姐严莲韵回忆："我的兄弟姐妹很多，原来都是从外面请老师回家来教的。但是也不是私塾，请的两位老师都是大学里的，一位教国文，一位教英文。我的哥哥弟弟读书一般，倒是我们女孩子读得很好。"

严幼韵六岁起，就接受英文教育。要知道，当时辛亥革命的枪声还没有响起，所有的人都还是大清的子民。但是严家经司胡同的府邸，已经能够听到一个小女孩儿用稚嫩的童声在念英文。1919 年，当新文化运动蓬勃发展之时，严幼韵考入了天津中西女中。入学前，所有的学生要进行一次英语考试。这个考试的形式是面试，主考官是中西女中的校长。面试的内容是念一段英文。对于自小就学习英文的严幼韵来说，是非常容易的事。当只有十四岁的严幼韵拿到书稿，用流利的英语，纯正的发音，轻松地念出书稿上的文章时，在场所有的人都为之惊叹。所以，书稿只念到一半，校长就终止了她的面试，理由是——太优秀了，不必念完全部的书稿。

对于一个富家女来说，学习似乎是生活中最无关紧要的事情。因为，不必太努力，坦途就摆在那里，无论在意或不在意。但是，严家的姐妹却天生不服输，爱钻研。晚年的严幼韵，看到晚辈中资质好，天赋高的孩子，都会想方设法为他们提供最好的教育资源，给予他们精神上的鼓舞和资金上的最大支持。李丹秋，1987 年底来到美国，当时刚刚读到二年级，英文字母一个都不认识。一次，严幼韵看到小丹秋正在用爸爸给她买的《儿童字典》自学英语，非常开心。第二年的夏天，丹秋眼里的顾奶奶——严幼韵从纽约城市大学亨特学院请了一个学生为她辅导英语，在严幼韵的慷慨资助下，最终，李丹秋获取了哈佛大学的录取通知书。可是，谁又能想到，李丹秋只是严幼韵家里一个管家的女儿。

而李丹秋只是接受严幼韵帮助的众多孩子中的一个。其中还有张林、徐烨、罗明珠等很多名字。而这些人最初踏上美国国土时，万万没有想到会在生命中遇见这位慈爱的奶奶——严幼韵。而这些人都是严幼韵家里边管家或是仆人的儿女。大爱无声，大爱无言。

中西女校的学制比较特别，采取灵活多样的“道尔顿”升降级制度，也就是我们现在所熟悉的学分制。只要学分修满，就可以升级或跳级。姐姐严彩韵，聪颖过人，敏而好学，每一年的成绩都名列班级前茅，所以，她在十五岁的时候就中学毕业，升入南京金陵女子大学。在大学里，她以全班第一的成绩荣获了金陵女大发给新生的最高荣誉——理事奖学金。

从金陵女大毕业后的严彩韵赴美留学，1923 年获得哥伦比亚大学化学系硕士学位。在之后的岁月里，严彩韵一直致力于化学研究，最终成为中国最早从事生物化学及营养研究的女学者。1924 年 12 月 20 日，与中国生物化学的主要创始人吴宪在上海完婚。

正是有如此优秀的姐姐作为求知的引领，所以，严幼韵在结束了天津中西女校的学习后，来到上海，先后进入上海沪江大学和复旦大学求学深造。正是这样勤勉刻苦，孜孜以求地在求学的道路上节节高升，才有了外交官夫人的风韵和气度，才有了联合国礼宾官的睿智和优雅。

腹有诗书气自华，在中国数千年的历史上，这样的女子，古有美艳动人、才情斐然的卓文君，书香门第、词中风骨的李清照；这样的女子，今亦有天资聪颖、貌婉心闲的严幼韵。

天津老城厢的街市依旧繁华，百年前装载了琅琅书声的严家宅第已然不再。老房子里的浅吟低唱，老城厢的低吟诉说，都在流传着民国名媛中最美丽的传奇故事。

父亲笼起烟云的眉头

在历代封建王朝，每一位皇帝君王的生活重心一定会放在子嗣昌隆上。在中国的最后一位皇帝住着的紫禁城里，禁街之内，养心殿之外有一座门叫“螽斯门”。

“螽斯羽，薨薨兮。宜尔子孙，绳绳兮”。早在两千多年前的《诗经》中就有这样的诗句，用螽斯这一昆虫来寄予子孙昌盛的美好心愿。体会意象，细味诗语，先民颂祝多子多孙的诗旨，显豁而明朗。就意象而言，飞蝗产卵孵化的若虫极多，年生两代或三代，真可谓是宜子的动物。

清朝的光绪帝和隆裕皇后夫妻失和，一次两个人一同去向慈禧请安，被慈禧训斥，要皇帝皇后一起到螽斯门那里“罚站”。但是，无论爱新觉罗如何挣扎，皇室的嫡亲血脉早就断送在同治一朝。叶赫那拉氏也终于在几年之后便“完成”了“叶赫那拉的诅咒”——清帝逊位，隆裕太后颁布了逊位诏书。

子嗣昌隆——这种家庭观念也一定会由皇宫延续到民间。所以，在严信厚为求枝繁叶茂的心愿下，严幼韵的祖母做主在上海迎娶了一位苏州的姑娘给自己的丈夫严信厚做妾。严信厚自己也在天津娶了一位。当时两位妾室同时进门，出现了排位的问题。这是一个挠头的问题，究竟谁大呢？严信厚想，既然是为了接续严家一族的香火而纳妾，那么就约定哪一位妾室先生出孩子，哪一位就为大。到底，还是天津的这位肚子争气，为严信厚先诞下女儿。严幼韵的父亲就是天津的这位奶奶生的，而且还是独子。所以，天津的这位就是大奶奶，至于上海的这位苏州姑娘至死也没能生养，所以是“二奶奶”。

苏州的这位“奶奶”体现着封建妇女的悲哀。婚姻的缔结并非出自情感，而是一种赤裸的利益合作。中国女子数千年的命运是何等悲苦！

悲苦命运的女子又何止是苏州的那位姑娘，在封建社会的长椅上，应该是坐着数不清这样悲情的女子。她们的命运根本不受自己的主宰，她们永远是接受别人左右命运的弱者。

在1911年的时候，父亲带着幼韵从上海回到天津，经营家族企业和管理长芦盐号。实际上，这也是严子均对于母亲的故乡的一份特有的情怀。父亲曾经笼起布满烟云的眉头，用深情的眼神望着幼韵的眼，一点一滴地讲述自己儿时在天津度过的清幽岁月。

在父亲深沉而迟缓的叙述中，严幼韵能够感受到天津长大的富家公子哥，自有自己的旨趣和梦想。左手书画，右手棉麻的严子均在沿着父亲的轨迹，用自己的方式前行。所以，在立业成家这件事情上，父亲还是选择了母亲杨俪芬。

严幼韵的母亲杨俪芬，也出自豪门贵族，是真正的千金大小姐。但是，自从嫁给了这位一半商人、一半文人的严子均。生活发生了彻底的转变。

幼韵的母亲，虽然裹着小脚，却可以迈着三寸金莲带着幼韵兄弟姐妹们春天去灵隐寺为故去的家人做盛大的法事，也可以在炎热酷暑的夏日，携全家南下青岛，北上大连、北戴河，去避暑。幼韵儿时随母亲四处游历是最开心的事，虽然，每次的游历都要走很远，去很久，但是幼韵并不觉得累。因为，在每一次的出行中幼韵都会听到许多国文老师讲不出的美丽动听的传说，或是凄怨或是灵动的诗文。

四月的西湖，浓妆淡抹总相宜。小小的幼韵站在西湖边，站在苏小小的衣冠冢下，站在断桥杨柳间，看云淡风轻，看日升日落，看月晴圆缺。断桥上有白娘子和许仙相会的旧影；苏堤上有春晓杨柳的腰肢；是保俶塔的倩影映在眼眸里；十月桂子香的灵隐钟声在耳边悠扬地荡起。这些都成了晚年的严幼韵最温厚的回忆。在回忆中，母亲的温柔娴静、特立独行的性情慢慢在心中升腾、弥漫。

晚年的严幼韵总是说“每天都是好日子”。这样只往前看的精气神就源于当年母亲一点一滴的浸润。

母亲对于严幼韵的影响是极其深远的。晚年的严幼韵常常会和孙辈们谈论起自己的母亲。幼韵也想把母亲的特质带到孙辈们的身上。

严幼韵的母亲平和敏感，但是不喜欢交际。因为，和人打交道，推盏迎笑是琐人的“行当”。而和家人孩子们在一起是最轻松不过的事情。春天，严幼韵的母亲常常带着她和姐姐们去杭州，长时间地住在佛寺里，吃斋念佛，为亡魂超度，为严家祈福。灵隐寺的晨钟暮鼓就是生活中每一天最常见的序曲和晚歌。飞来峰上的怪石雕塑，是孩童们的“玩伴”。没有世俗的烦扰，没有生意场上的尔虞我诈，没有管家仆人窸窸窣窣的脚步声。

这样幽静的灵隐山林，修养了严幼韵宠辱不惊的性情，滋润了纯净无邪的童心，封锁了世俗，留尘世一片净土，拓灵魂一处佳境。或许，正是童年的这样一段段经历，使严幼韵在今后无数个艰苦的岁月里都不曾焦躁不安，不曾抱怨自苦，不曾悲悲戚戚。

男子真正的幸福是选对了妻。贤惠的妻带来温暖的情趣。

幼韵的母亲用自己带有鲜明个性的生活情趣让整个严家都涂染上优雅的底色。幼韵的母亲不爱交际，但是偶尔也会有亲密朋友的到访。虽然次数不多，但是每一次的相聚都是优雅而欢愉的。身穿锦袍长褂，宽阔裤腿，衣领小巧别致的贵妇们，在漫谈相夫教子的心得，在交换着深处豪贵世家的女人们怎样料理家事、协调姑婆舅嫂的关系。

这些轻柔的话语，不带半点埋怨和凄苦，反而是一种人生智慧和处世哲学的达观和睿智。年少的幼韵不自觉地感知、领悟、学习、内化。以至于多年后的马尼拉和海牙，严幼韵都能应对自如，无师自通。

年轻的母亲还喜欢古典小说，幼韵的母亲在枕边放上一本小说，以便随时翻阅。这样一位母亲还热爱诗歌，不仅仅是古典诗词，还有一些新诗，会让她读过之后，玩味许久。从封建礼教中走出来的豪门主妇，有自己的兴趣，有自己的爱好，有自己的甄选，有自己的性情。还有比这更好的童年读本来让幼韵阅读学习吗？

四十几岁时的母亲依然端庄优雅，经过岁月的洗礼，幼韵的母亲也愈发有着现代女性的风韵和姿态。由晚清的宽裤长衣换成了民国剪裁合体的旗袍，从眉宇间自带一股妩媚和才气到满脸的慈爱、和蔼、可亲。而幼韵在母亲的关怀与呵护下成长是如此幸运的事情。因为，在当时的民国，还有更多的大户人家的女主人并不知道人生的真正意义在于自己的心情释放和无限快乐，而不是泯灭人性的控制欲。

幼韵在开明的父亲和慈爱的母亲的精心养育下一点一点长大。除夕时，商店整日地开着，父亲会驾车和幼韵及其他姐妹兄弟去百货商店购物。在除夕那一天，孩子们会和严父一同买回美味的点心和心仪的礼物。春日里，幼韵会和母亲一同养蚕。夏日里，幼韵会和母亲去侍弄金鱼。

父母亲对于严幼韵的影响是深远的。父亲的慈爱、善良，母亲的温顺、和蔼，这些都是严幼韵童年最好的读本。家庭的影响对于一个人的成长是十分重要的。无论是平凡人的子弟，或是富贵人家的孩子，无论是学者的子女，还是高官的子侄，都会带给孩子深深的烙印，无法抹去。

“云无心以出岫，鸟倦飞而知还”，“木欣欣以向荣，泉涓涓而始流”。春日和煦的暖阳照在每一个人的脸上，也照进每一个人的心里。幼韵感受着现代的、时尚的、和谐的家庭氛围，内心从不存有半片阴霾，日子里不曾有过半点血雨腥风。就这样风和日丽地，严幼韵走过了童年。

天津城里的贵小姐

当哭泣的声音还在空气中回旋，蔷薇花早已绽放出了笑脸，还没来得及好好翻一翻过往的那几天，曾经不顾一切肤浅的撒欢，一不小心却让成长偷走了流年。时光的过客，还来不及迎合，属于我们的夏天转眼变成了冬天。没有时间喘息，没有时间哭泣，我们就这样跌跌撞撞地走过了童年。

青春的美好在于尽情释放，不必计较太多，也不必想得很远。谁的青春不“肆无忌惮”，谁的青春不“肆意张狂”。谁的青春不是无怨无悔，谁的青春不是心甘情愿。

严幼韵的少女时代开始在天津的中西女中。告别了童年的无忧无虑、天真无邪，严幼韵也跌跌撞撞地走到了花季的年龄。花季的欢笑，雨季的泪水，都是一个人一生中必然的经历。晚年的严幼韵想起这段岁月的时候，都是十分幸福地微笑着。

十四岁那一年，严幼韵结束了在家里边私塾式的教育模式，成为天津中西女中的一名学生。随之，童年也离她远去。年少的严幼韵不能再随意地和母亲四处旅行，也很少会在父亲温暖宽大的臂膀间撒娇顽皮。家人的宠溺不再是一个少女的期寄。因为，豆蔻年华的青春岁月在向这个女孩儿发出邀请。即将展现在世人眼里的是天津城里一位贵小姐的别样传奇。

天津中西女中是在宣统元年，也就是1909年创建的。那个时候，社会上有三类学校。一类是公立学校，一类是私立学校，还有一类就是教会学校。当时的民国，大概有教会大学二十四所左右。这是当时社会上颇为流行的“贵族学校”。因为，这些中西学校通常带有自己的“宗旨”——向东方传播西方的“福音”。同时，这些学校与清政府也大多渊源颇深，所以，很多豪贵选择这样的学校让子女上学。一来可以接触西方现代学术，二来彰显地位和身份。

天津中西女中的校址最初设在法租界。这所教会学校由美国基督教“美以美会”始建。学校校舍的窗子都很高很窄，说是为了防止学生上课的时候会向窗外张望，影响学习。同时，中西女中的教学氛围也很受推崇。学校的英文水平很高，课外活动丰富多彩。并且，天津中西女中里的英文教师多是外国人，他们金发碧眼，时尚前卫，喝咖啡，打网球。通常，老师们会利用课余时间，教学生们排练英文戏剧。老师们会找布料亲手缝制莎翁戏剧里的戏服，蓬蓬裙，白纱一层一层地蔓延，宽檐高顶的英式礼帽，这些都是学生们十分喜爱的东西。

对于从小就频繁接触西方文化的严幼韵来说，天津中西女中的一切都是那么地新鲜，那么地有魅力。以至于后来，父亲要回上海工作，而十几岁的严幼韵欣然选择了独自留在天津念书。因为，她实在是舍不得她的学校，她的同学，还有她的朋友们。和他们在一起，每天都会有许多不同的事情可以做，不会枯燥，不会乏味。永远尝试新的事物，严幼韵一生都是这样的执着。不苟同、不顺从、不攀附、不依赖。

当父母登上南去的火车，严幼韵便开始了寄读生的生活。严幼韵在天津城里雀跃着青春的欢腾，涂抹着生命的亮色。

实际上，天津女中学校的管理是十分严格的。但是这丝毫没有影响到严幼韵的活动安排。因为，周末的时候可以回家。严幼韵的父亲和母亲也会经常来天津看她，家里面的女仆、厨师、马车夫、门房、黄包车夫和其他的仆人一个都不少。实际上，这样庞大的后勤团队只是为严幼韵一个人服务。这是一份独一无二的宠爱。因为，远在上海的姐姐彩韵和莲韵都是和八十几口人的大家庭一同生活。而幼韵一人，独享整个天津的花园式楼房。没有父母的管束，生活显得别有滋味。偶尔也会想家，偶尔也会觉得孤独。但是，这些低落的情绪转瞬即逝，被一些多姿多彩的生活所取代。十几岁的女孩，独自在天津生活着，居然从来不知道害怕。

每每到了周末的时候，幼韵都会带着同学回家，一群花样少女在一起有说不完的话，做不完的事。此外，幼韵还会花很多时间去挑选布料，找手艺精湛、心思灵巧的裁缝，做新衣服。那时的幼韵，简直有穿不完的新衣服。虽然，自家的“老九章”绸缎铺里已经有各色精美的布料，但是，幼韵还是会走遍天津城里的大小绸缎庄，为自己挑选心仪的料子，有时在衣服的款式和剪裁上，她还常常向裁缝提出自己的想法和要求。或是在领口放上别致的珍珠纽扣，或是在袖口绣上精巧的花纹。

已经111岁的严幼韵，依然穿细脚伶仃的高跟鞋，精美别致的旗袍，擦香水，涂胭脂之后，才会出门。这些贵族小姐的生活情趣，早在上中学的时候就已经持有、践行了。都说民国的名媛最懂得修饰自己的仪态姿容，从严幼韵的身上可以看出，民国的名媛不仅仅懂得如何让自己穿着得体，又别具新意，还希望自己像西方的少女那样，融入社会，展现自我。

当时的天津中西女中里，有网球场、排球场、泳池和滑冰场。可以说，从现代教育的视角来看，这是一所综合性培养人才的学校，是一所中西合璧、兼容并包的现代学校。严幼韵之后随同第一任丈夫杨光泩出访欧洲，驻马尼拉，和上流社会的名流政要自然得体的交流，都是得益于当年在天津中西女中的各种学习。可以说，对严幼韵来说，中西女中为她选定了一条未来之路，那就是幼韵的生活里永远不能缺少了的西方元素。

当年读中学时的严幼韵酷爱运动，反倒是年迈的时候，不爱运动，只喜欢打麻将了。严幼韵在学校里打网球、排球。夏天和伙伴们穿着性感的泳衣去游泳，总能引来很多人的赞许目光。冬天和同学们一起，幼韵包裹得如同一个大粽子一般地去滑冰。不仅如此，聪明的幼韵还学会了骑自行车。这在当时来讲，可是一项了不起的本领。严幼韵经常和朋友们骑着自行车去当时天津很有名的西点店——起士林去吃乳酪蛋糕和冰激凌。起士林西点店里的香味幼韵永远也忘不掉，因为那里满是青春的味道：甜腻，香醇。

晚年的严幼韵回忆起当年骑自行车的场景，十分得意，因为那时的她居然可以大撒把，像许多胆大的男孩子一样，只用身体和脚掌来控制车子的平衡。如果，当时万一有什么闪失，我们可能就看不到今天风韵犹存的上海滩大小姐了。还好，命运一直偏爱着这个女子，一直到现在。

虽然是从豪门显贵的庭院里走出来的大小姐，可是，在严幼韵的身上，却丝毫看不出来千金大小姐的矜持和娇贵。反而，人们更多的感受到的是她热情奔放的性格，豪爽利落的为人，天真浪漫的情怀。遍寻史册，在当时的民国天津城，同一时期，真的难以找出第二位名媛可以与之匹敌。无论是之后为爱痴狂的赵四小姐，还是影后胡蝶，在当时还都是幼稚的顽童。偌大的天津，只有这样一位名媛佳丽。

按照世俗的眼光和一些看似“约定俗成”的情节。似乎，民国时期，在庭院深深深几许的高墙内院里，生活的一定是一群衣食无忧、五谷不分、四体不勤的大小姐小妇人，大少爷阔老爷，一定是一群对生活没有憧憬和激情的安逸分子。那些人每天在数着时光过日子，那些人每天在赏玩金石玉器中打发时间，更或是那些人每天躺在软榻上，靠“吞云吐雾”来支撑无力的生活。

腐朽的人生原本并不腐朽，是一些人向里边注入了堕落的因子，才使原本鲜活的人生开始一点点消沉，一点点腐烂。看到时光里，年轻的严幼韵穿着各色衣裙，或娇媚，或干练，或优雅，或豪放，眼角飞扬，唇边妩媚。不禁为民国的天津城而无限感叹。如此的名媛，民国里很难找出第二个来，如此的特立独行，又不失亲切温婉，一个世纪中又有几人呢？

你好，朱莉安娜

如果时光可以倒流，你希望可以怎样“挥霍”你的青春？

我们每一个走过青春路的人可能都会在内心深处进行过这样的灵魂追问？但是，青春能够重来吗？人生能够选择吗？当然是不能够的。所以我们真心期盼年老的时候，静静地守在西湖的水边，回忆青葱岁月的时候，眼角挂着泪，嘴角却扬着笑意。谁的青春不迷茫，在我们跌跌撞撞一路走来之后，回首那来时的青春脚步，是否能够无怨亦无悔！

岁月的沧桑沉淀着旧时的美梦，年过期颐之年的严幼韵，时常坐在家中的软椅上追溯青春的舞步……

“你好！朱莉安娜！”

这是严幼韵在进入天津中西女中之后的新名字。因为这是一所美国人创办的教会学校。所以，英文老师要求大家都要为自己取一个英文名字。一名外籍老师让严幼韵用“海伦”这个名字。

原本是个很美的名字。在希腊的古典神话中，海伦是宇宙之神宙斯跟勒达所生的女儿，但是她在后父斯巴达国王廷达瑞俄斯的宫中长大。她是人间里最漂亮的女人，并且还和特洛伊的王子帕里斯私奔，引发了特洛伊战争。也许，当时的严幼韵深知这段希腊的古典神话，所以，在冥冥中总是感觉和这个名字“格格不入”。这样的一位女子，怎么能和别人私奔，还引发了战争？这些都让严幼韵无法理解。并且，当时，在学校里，也有一位姓严的女同学，她也起了“海伦”的英文名字。特立独行，一直追求与众不同的严幼韵不肯和别的女同学共用一个名字。于是，“朱莉安娜”就诞生了。

再之后的回忆中，严幼韵自己也说不清当时为什么选择了“朱莉安娜”这个名字，只是依稀记得好像在那本书里见过这个名字，当时留下了很深的印象。而这个无意中记下的名字伴随了严幼韵度过了之后很长很长的时光。现在，在美国，好友们都会亲切地称呼她“朱莉安娜”，“幼韵”这个“乳名”反而不经常被叫起。

在天津中西女中，和朱莉安娜要好的是孔艾玛。当时，艾玛的表哥，刚从美国获得机械工程学位的阿尔法莱特自然而然地也成了严幼韵的朋友。阿尔法莱特有一辆豪华的跑车，严幼韵的车技就是这位年少有为的阿尔法莱特教的。晚年的严幼韵想起那段经历都觉得自己很了不起。因为，那个时候的严幼韵，也不过十五六岁。一个黄毛丫头，驾驶着一辆庞大的轿车，行驶在天津的街头巷尾，怎么说也是一道亮丽的风景，引来很多人惊叹佩服。以至于后来在沪江大学念书的严幼韵，都是自己开车去上学的。这样的情景在今天看来，也足以让人“目瞪口呆”了吧。

记得一年夏天，幼韵不想回上海过暑假，于是说通了父亲准许她留在天津和朋友们玩。整个夏天，严幼韵和孔艾玛还有阿尔法莱特开着车到处乱跑。他们去拜访住在郊区的朋友们，去海边游泳……

并且，居然开着车去了北京。严幼韵永远也忘不了那一次的经历。这应该是在所有的旅行中最令人难忘的一次了。

四个多小时的山路颠簸，让这三个年轻人的骨头几乎都要散架了。但是还好，北京已经不远，想着北京的爆肚、豆汁，前门、北海，这三个年轻人顿时有了精神。但是，最最不幸的事情发生了，在马上要到北京的时候，阿尔法莱特的车轴居然断了，也许是因为道路实在是太破了，阿尔法莱特的车终于还是经不起“折腾”和“重压”而罢工了。幼韵他们三人就这样无情地被丢在了路上。望眼欲穿的北京，安静地站在那里，默默地注视着这三个不知天高地厚的年轻人。

他们被困在路上很久很久，在所有的希望都即将破灭的时候，在落日的余晖中蹒跚着走来一个人牵着一头驴。狼狈不堪的三个人像是找到了救命的稻草一样欣喜若狂。因为爱美，严幼韵执意要穿着高跟鞋来北京，所以，此时，脚趾酸痛的严幼韵享有了骑驴去北京的特权。可是，这是一头倔强的驴子，说什么也不肯让幼韵骑上去。在几经折腾，就快要放弃的时候，严幼韵终于征服了驴子，骑着它去了北京。晚年的严幼韵每每和孩子们讲起这段年轻时候的经历时，都会笑得合不拢嘴。因为，当时的情景实在是太过滑稽了。一位年轻的富家公子哥领着妹妹，一位摩登的女孩儿骑着一头驴，三个人面色疲惫、衣衫褴褛地走到北京城。

即便是这样，严幼韵也依然不改优雅的举止。这次“惨痛”的游历是人生中为数不多的一次。大多数的旅行还都是很美好的。严幼韵还记得，每到放暑假的时候都会坐着豪华列车从天津回到上海，行程要整整三天三夜。这趟列车上大部分的乘客都是外国人。像严幼韵这样年纪轻轻的女孩子是不多见的。列车沿途会经过很多城市。而这一路上每一次停靠，都是严幼韵所期待的。因为，无论是山东车站卖的德州扒鸡，还是南京的盐水鸭，或是无锡的酱排骨，统统都是她的最爱，幼韵还时常买回一些带给上海的家人和朋友。我们可以想象：嘈杂的站台，一个娇小的十五六岁的女孩子，从站台上蜂拥而至的小贩那里购买美味佳肴的情景是多么温馨。

小小年纪的严幼韵，可以独自处理生活中的一切，从学习到交友，从料理生活琐事到独自一人乘车回家。哪怕是现在的孩子，也没有几人能够做到，也没有几位家长能够放心安排。可是，一百多年前的严幼韵却从容而欣然地打理着这一切事情。没有怯懦，没有委屈，没有迷茫，没有彷徨。就是如此镇定自若，欣然前行在民国名媛闺秀的行列里。她就像是开在暗夜里的莲花，摇曳多姿，不蔓不枝。

在天津中西女中二年级的时候，虽然严幼韵的课程安排得很满。要上课，还要参加钢琴课、合唱团和体育活动。这些严幼韵都做得很出色。但是这丝毫没有扰乱她和校外的朋友出去玩的脚步。天津卫还不是很大，属于上流社会的社交圈子也很小。通常，他们的聚会都是由蔡丽莲小姐和朱玛丽小姐组织的。那位蔡小姐在天津的法租界有一栋很大的别墅。许多中外的宾客都会聚集在这里。这样一群名流贵族，在一起聚会、聊天、跳舞，在当时看来是一件十分新潮的事情。

当时蔡小姐的宴会厅里，出现过英气十足的少帅张学良。赵四小姐也是天津人，据说，赵四小姐和张学良就是在天津的一次舞会上相识并相恋的。但是，当时的少帅在严幼韵的眼中还是一个长辈。座上宾客不仅仅有张学良这样的响当当的人物，还有外交才俊顾维钧。命运总是爱和人开玩笑，兜兜转转的严幼韵和顾维钧，当时无论如何也不会想到，几十年后，他们会上演旷世恋情。

也许，那时，他们也有不经意的一次擦肩；

也许，那时，他们也有彬彬有礼的一次浅笑；

也许，那时，他们彼此的眼中注视的都是“别人”；

也许，那时的严幼韵正在等待生命中最重要的“他”出现，弯下腰，伸出手，礼貌地说：“你好！朱莉安娜。”

第三章

预言 - 花间相望知不知

闺蜜的悄悄话

时光不老，岁月静好！

20 岁的年华，是人生最美的时候。生命里许多美妙的相逢都在这个时候出现，生命里许多不切实际的幻想都在这个时候萌生，生命里许多重要的路口都在这个时候抉择。20 岁，对于大多数人来说，生命之花即将盛开。我们在这个路口等待、祈盼；我们在这个路口张望、迷茫；我们在这个路口微笑、沮丧。

20 岁的年华，是人生最珍贵的年岁。这个年龄的人可以爱，可以恨，可以哭，可以笑。可以在岁月的底片上描画自己的人生。因为此刻，人生才刚刚开始。没有对未来的恐惧，有的只是一腔饱满的热情。

1925 年，这一年严幼韵刚好 20 岁，结束了在天津的“优哉游哉”的寄宿生活，幼韵回到了上海。十里洋场，灯火霓虹。这样一个现代大都市犹如一位深情款款的男士，用他彬彬有礼的微笑迎接着这位天津来的严家二小姐。

上海的外滩，那个时候总是有许多帅气的男士携手妩媚的女子看黄浦江的流水，凉风习习，吹在每一个人的脸上，也吹皱了荡漾春波的心。

20岁，情窦初开的年龄；

20岁，谈情说爱的季节；

20岁，倚窗寄傲的眼角；

20岁，容膝易安的眉梢。

1925年的夏天，严幼韵在天津的好友孔艾玛和她的表哥阿尔法莱特来到上海。在他们的描述下，严幼韵看到了一个不一样的未来：异国他乡，幼韵和好友们，念着英文，吃着法餐。但是这些并不是严幼韵想要的生活，美国的都市生活，法国的浪漫多情，英国的绅士风度。这些都不是严幼韵眼中心中的世界。严幼韵要按照自己的预设行走自己的生命轨迹。不被任何人牵绊，不让任何人安排。

也许，孔艾玛和阿尔法莱特以为他们描述的那个美好的未来，幼韵会心驰神往，但严幼韵并没有“欣然前往”。因为，在严幼韵的心里，还有一个更美好的未来。

当幼韵还是小孩子的时候，她的心中就有一个梦想。将来有一天，在上海最豪华的饭店，举行一场最盛大的婚礼，和心爱的人，厮守终生。

幼韵虽然对于美国，对于留学还是有一些期待，但是，对于上海的绚丽和缤纷，对于年少青春的憧憬，她还是决定留在上海，等待生命中的浪漫花开。

1925年的秋天，严幼韵便成了上海沪江大学的大一新生。尽管，严幼韵出生在一个保守的家庭里面，但是，幼韵的父母们还是十分开明的。他们认为无论是儿子还是女儿都应接受现代教育。姐姐彩韵热衷学术，1919年从南京金陵女子大学毕业后赴美留学，莲韵也是个好学生，先后就读于上海中西女中、天津中西女中，1924年毕业于南京金陵女子大学。

严氏家门的女孩子们都可堪为咏絮之才。自幼喜欢读书的幼韵自然不会示弱。所以，当沪江大学面向上海招收第一届女学生的时候，严幼韵选择了在这里就读。她没有像她的姐姐们那样去南京的金陵女子大学读女校。而是选择了一所综合性的大学，男女同校。在年轻的幼韵看来，就应该提倡男女平等，并且在一些时候，“女士优先”更加重要。

所以，在求学的这条道路上，严幼韵一直坚定地走着，从来没有想过退缩。因为在严幼韵的心中，一直认为女孩子更应该知书达礼，而不能做深宅大院中的金丝雀。这不是严幼韵想要的人生。不该是那个时代所有名媛的宿命。

1906年，幼韵出生在天津的第二年，在上海创建的沪江大学，以“信义勤爱”为校训。这是几代学人不变的追求。即便饱经沧桑，亦坦然以对，不忘教书育人、教育强国之神圣职责。百年以来，培育学子七万之众，正是“信义勤爱”人文理念的结晶。信，乃信崇真理，信而有征，讲信修睦，诚信不欺；义，即仁义礼智，遵道秉义，义薄云天，见义敢为；勤，则奋发勤勉，勤学好问，将勤补拙，业精于勤；爱，需大雅博爱，修身自爱，爱人以德，爱国敬业。

沪江大学在建校之初，原本只是一所教会学校，旨在宣扬西方文化的先进。可是，在经过了首任华人校长刘湛恩的不懈努力和励精图治的求索之后，这里已经变成了一所传播华夏文明，滋养民族血脉的沃土。年轻的幼韵在这所大学里既接受着传统文化的浸染和熏陶，又通过这个“窗口”，看到了西方现代文明的可取之处。正是在这样融汇了传统与现代的沪江大学，奠定了严幼韵成年之后的思想和理念根基的基础。

今天的人们回望百年历史，研读严幼韵的精彩人生，常常会感受到这个女子的勇敢、坚毅、旷达、乐观。或许，这些千百年来流淌在民族血液中的精髓，就是在她念沪江大学时流入幼韵的骨髓的。

进入沪江大学之后，作为仅有的几名女学生，她们很自然地成了闺蜜。她们一同上课，一同读书，一起欢笑，一起惆怅。人生得一知己足矣，但此时的严幼韵却有很多亲密的朋友。在上海读书的日子是十分快乐的。虽然沪江大学的舍监管理很严格，但是每个周末，幼韵都可以回家，这便成了最美好的时光。她可以约上好友们一起去看摩登电影，去凯司令西点房喝下午茶，滑冰，游泳，或者骑着自行车绕着大上海转，在外白渡桥上看情侣们手牵着手谈情，看黄浦江上的游船。更或者去兆丰公园（现在的中山公园）里，赏花赏月，而且兆丰公园里还有各种动物，古灵精怪的。也以在公园的咖啡馆里喝上一杯纯美式的咖啡……

一切的一切都是如此的美好，时光似乎在那一刻故意停留了脚步，希望能够静静地看着这群朝气蓬勃的年轻人尽情地欢歌笑语。

如果时光也通人情，那么它一定不肯离去，不肯带走幼韵终将逝去的青春。如果岁月肯遂人愿，那么它一定第一个许诺幼韵一个亘古长存的青春。可是，这一切都不能发生，时光不会通人情地停留一分一秒，岁月不肯遂人愿地许诺未来。

所以，幼韵的青春年华只能在书中找到，幼韵“放荡不羁”的日子只能在回忆里找寻。青春，多么美妙的词汇，在许多人的人生中不曾被解读，不曾被演绎，青春就像是和其他的岁月没有两样地过活着。但是，在幼韵的青春岁月里，却写满了光怪陆离，写满了璀璨夺目。也许，这才叫作人生。可以放纵的时候不要拘谨，可以勇往直前的时候不该退缩。

20 岁的幼韵，没有想过太多，没有想过未来该如何。实际上，之后的一百年的时间里，幼韵也一直都活在当下。并不是因为 20 岁的幼韵不识愁滋味，而是，20 岁的严幼韵已经懂得什么才叫人生。严幼韵一直是自己人生的智慧导师，是自己人生的“先知”。即便在未来的某一天可能会变得很糟，但是严幼韵都会告诉自己：“也许，事情会变得更糟。”

严幼韵记得，一次她和朋友们去兆丰公园玩。幼韵的好朋友帕珀小姐在公园的一角有一个看手相的露天的摊子。对于迷信、算命的一类事情，严幼韵是从来不大在意的。因为，她相信，自己的命运一定掌握在自己的手中，而不在某个神仙术士的指间营算。可是，其他的朋友却似乎对算命这一套，很感兴趣。有一天，幼韵的朋友们让帕珀小姐给看手相。至今，严幼韵回忆起当时的情景来还觉得匪夷所思。因为帕珀小姐告诉海伦，她将有两任丈夫。海伦听过后十分伤心，因为她刚刚结婚不久，这个预言更像是一个邪恶的诅咒。海伦的姐姐德罗西命运就要好很多，帕珀小姐告诉德罗西她一生都会衣食无忧，但是婚姻不幸，丈夫不是全心全意地爱她。幼韵的一个好朋友爱丽丝会有很多小孩儿，但是她的丈夫会出轨，还很贫穷。至于幼韵，帕珀小姐说，幼韵一生会过着四处游走的精彩生活，并且总是和穿着西装、打着领结、头戴高帽的许多大人物在一起。

幼韵对于帕珀小姐的预言，并不在意。但是，一语成谶，这些预言最后都一一成真。无论帕珀小姐是不是真的会占卜，但是，严幼韵的一生确实都在四处游走。几乎大半生都在以四海为家。可是，幼韵似乎并不感到漂泊。也许是性情使然，也许是命运的安排。总之，幼韵虽一生“流浪”，但并不是一个“过客”。

这一闺密间半伪半真、半信半疑的桥段，被几个女子用一生来证明。无论幸福的抑或不幸的，无论是安守故土的还是四处漂泊的。总之，这就是人生。不能有太多的预设，因为人生是伴着很多偶然和必然的。

一道亮丽的风景，“爱的福”

时光流转，岁月蹉跎。当洗尽铅华的记忆里依然有一道亮丽的风景；当阅尽人世沧桑的生命中依然有被追忆的时光；当欢笑与泪水交织的锦缎上写满了人生征程，我们是否还会对曾经年少的一次回眸记忆犹新，我们是否还能为年少时的一次相逢而心内澎湃。

1980 年夏天，严幼韵的女儿杨雪兰从美国纽约回到中国上海。上海的夏天十分闷热潮湿。在一个十分燥热的傍晚，杨雪兰的姑父张锐带着她去看望一个老朋友。这位老先生住在破旧的上海弄堂里，弄堂里的青砖上满是青苔，自有一种岁月沧桑巨变的历史感，十分狭窄的弄堂甚至不能允许两个人并排同行。

借着微弱昏暗的灯光，这位老先生和雪兰回忆起了严幼韵女士当年在校的情景。老先生十分惊喜地感叹道：“哦！你就是‘84 号’的女儿？”杨雪兰点头应允。老先生继续回忆道：“你母亲当年可是全上海大学生的偶像。我们天天站在沪江大学的门口，就为了看‘84 号’一眼。看到的话会兴奋一天！”这在当时的老先生看来，能够目睹严幼韵是多么幸福的事情啊，否则，离当年的“84 号”小姐和那辆别克汽车已经过去五十多年了，那位老先生回忆到此番情景时怎会如此清晰，如此欣喜。可见“84 号”小姐当年的非凡魅力。

“84 号”小姐在 20 世纪二三十年代的上海滩十分闻名。而她就是严幼韵。

22 岁的严幼韵，青春年华伴着名门闺秀，复旦才女兼有富贵荣华。这是何等的优越感，这是何等的可望而不可即。

那个年代的上海滩，名媛闺秀云集。但是严幼韵一定是众多名媛中最耀眼的一位。不仅仅因为家世显赫，更是因为这是一位特立独行的女子。没有人可以左右这个女孩儿的想法，没有人能够左右这个女孩儿的心。一切的追捧和追求在严幼韵的眼中都是云淡风轻。

20 世纪二三十年代的大上海，在整个中国来说是魔幻神奇的地方。这里已经不再是无人识的破陋渔港。在濒海临江的上海夏日的傍晚，驾一叶扁舟，漂荡在黄浦江上，看外滩上旖旎灯火，林立高楼，江风裹挟着花香和女孩子的笑声在耳畔脸颊拂过，浪漫雅致、自在舒爽。不仅如此，当时的上海还是许多文人骚客寄居的佳处，政客名流流连的场所。不知在哪个饭店茶楼，哪里的海边江头，就会撞见一两个声名显赫的男子，抑或在影院浴场、百货公司与名媛才女擦肩而过。对于自小在天津长大的严幼韵来说，未曾感受过如此的繁华。这一切都是极具吸引力的。让年轻的幼韵刚刚踏上这片土地，便爱上了这里。不肯离去，前后近十年的光景，幼韵把人生中最美的年华留在了上海。

晚年的严幼韵，虽身居海外，但故土之思却始终牵绊着她的内心。只要在上海工作的二女儿杨雪兰一打电话给她，她总是会焦急的问及上海的近况。在大洋彼岸的电话里，严幼韵每每得知上海有新的变化时都十分高兴。对于日新月异的上海，年迈的幼韵有无限的眷恋之情。

严幼韵眷恋的不仅仅是大上海的风土人情，更加眷恋的是留在上海的青春记忆。这是每一个人一生中最好的年华。严幼韵把它们留在了上海，留在了十里洋场，安放在了风花雪月的似锦流年。

1925 年的秋天，严幼韵作为沪江大学的第一批女学生来到学校读书学习。在这一年，全国包括专科学校在内的高等院校仅仅百余所，在读的大学生人数也不过三四万而已。这个人数大约相当于现今的一所普通大学的总人数。因此，能够成为这三四万人之中的女学生，可谓是凤毛麟角，实属不易。这些入校求学的女生也大多和幼韵一样来自豪门贵族。

沪江大学是一所教会学校，校规十分严苛。对于在天津中西女中就寄宿的严幼韵来说，如此不合情理的管束自然是百般不适。舍监是一个美国人，名叫普里斯特，她是一个具有超强“管理欲”的人。学生的一言一行、一举一动都受到她的“监视”，犹如契诃夫小说中的“别里科夫”一样，辖制着整个宿舍的所有女孩子。这让本就是青春好动、活泼爱玩的严幼韵感到失去了生活的自由。普里斯特小姐规定晚上不准出去，全天的任何时候都不能有男生来宿舍找女孩子们，这无疑是禁锢了正常的异性交往。更加无情的是每个月只能回家一次。

即便这样，幼韵还是带着女仆和司机上学。除此之外还有一个负责跑腿的“副驾驶员”。这样，在沪江大学的校园里，就有了“逶迤”的队伍。这个千金大小姐的举手投足、一颦一笑都会引来众多关注，尤其是男孩子们。他们时常会尾随幼韵的“队伍”，做各种夸张的举动引起她的注意。但是，幼韵对他们丝毫没有兴趣。因为，在当时的严幼韵看来，能让她心仪的男子，应该是成熟、富有才华，并且兴趣要和她相投的人，至于财富并不是最重要的。这样的想法曾经遭受到幼韵母亲的质疑。母亲说：“你的生活如此奢华，怎么能不在乎钱呢？”接受了高等教育和现代进步思想的幼韵并不在意母亲的话。因为，她对恋爱和婚姻有着美好的憧憬和期望。

对于那些爱慕严幼韵的男孩子来说，很多并不知道她的姓名。只是知道这个美丽的女孩子每次都会乘坐牌照为“84号”的高级豪华汽车来上学。一些男生还故意将英语 Eighty Four 念成上海话“爱的福”。

年轻的严幼韵酷爱开车，这个本领是在天津念中学的时候就掌握了的。在沪江大学的门口，常常看到这样的场景，美丽端庄的严幼韵坐在驾驶位上，从容淡定地开着车，司机反而坐在副驾驶的位置上，像个看护。就这样，沪江大学的门口常常站了一些男孩子，有的还是其他学校特意赶过来的，就为目睹“爱的福”小姐的芳容。同时，这个外号不胫而走，更是传到了上海的各大报纸杂志上。

《良友》画报上就刊登过严幼韵的照片作为封面。标题为“上海名媛严幼韵女士”。照片里那个顾盼多情的女子，那个眼中带着点点愁怨的闺秀，那个嘴角眉梢都藏着妩媚姿态的大小姐，就是迷倒上海滩无数英杰的严幼韵。

在进入沪江大学之后的两年，因为感觉校规和舍监管理太过严格，所以 1927 年，严幼韵转入复旦大学读大三。同样，这也是复旦大学刚刚招收的第一批女生。当时，复旦大学被称为“东宫”的宿舍还没有建好，所以幼韵就和几个要好的朋友合租了一间公寓。但是更多的时候幼韵还是住在家里。因为这与天津不同，父亲在静安寺地丰路路口，建起了宏伟别致的别墅，成了幼韵的乐园。这座花园式建筑绵延了静安寺一带的半个街区和地丰路的整个街区。豪宅的门口还有一个印度管家和一个中国警察站岗。

由于“爱的福”小姐声名远扬，所以，总是有很多幼韵的倾慕者来拜访她。据严幼韵的侄女上海名媛严仁美回忆，年轻的幼韵常常是上午放学回家，就回到自己的房间，先吃点小厨房做的美味点心，或是幼韵好心体贴的女仆为她事先留着的美味餐点，又或者幼韵会用她屋外的炉子做可口的法式皇家奶油鸡之类的菜。仁美和幼韵虽是两代人，但是年龄并没有相差很多，所以她们经常会一起享用美味的点心。之后幼韵开始换衣服，梳妆打扮一番，此时年幼的仁美就在一旁玩。而那些前来拜访幼韵的仰慕者就在一楼带有凸窗的客厅里等待幼韵下来。当年的仁美认为，在众多的追求者和仰慕者之中，足球健将陆钟恩会博取姑姑的芳心。因为这个陆同学，相貌英俊，高大威猛，仪表堂堂，是学校里许多女生的偶像。

追求美丽的外表重要，而内在的气质和风度变得更加重要。严幼韵更加看重的是一个人内在的美，而并不是外在的浮华。

对于每天都有新衣服穿，衣食无忧，学识丰厚，特立独行的幼韵来说，未来的夫婿不仅要赢得自己的爱慕，还必须是她尊敬的人。只要是嫁给自己心仪的人，幼韵甚至愿意出去工作，赚钱养家。这在当时对于所有了解严幼韵的人来说，是一种天真的幻想。直到这位“84 号”小姐遇到了他。

刹那相逢，“缘”来是他

所有的结局都已写好
所有的泪水也都已启程
却忽然忘了是怎么样的一个开始
在那个古老的不再回来的夏日
无论我如何地去追索
年轻的你只如云影掠过
而你微笑的面容极浅极淡
逐渐隐没在日落后的群岚
遂翻开那发黄的扉页
命运将它装订得极为拙劣
含着泪
我一读再读
却不得不承认
青春是一本太仓促的书

在席慕蓉的《青春》里我们看到了一个痴情的女子，一个无怨青春，无悔年华的女子。而这个女子和严幼韵很像很像。每一个女子都希望在最好的年华遇见对的“你”。严幼韵是幸运的，因为在23岁的那一个夏天，光泩“如约而至”了。一切就像是已经写好的剧本，他们相遇相知，相许相守。刹那间的一次相逢，缘聚缘散依旧是他。

杨光泩，这个在严幼韵的生命中第一个出现并影响她一生的异性男子。他的出现，让严幼韵所有的坚守变得有意义，让严幼韵所有的生命幻想变成了现实。也许，早在很久很久以前，月老的红线就已经把这两个年轻人紧紧地“拴”在了一起。只等那次不期而遇，只为那四目相对的情深似海。

1900年出生在上海的杨光泩比严幼韵大5岁。1930年版的《中国名人录》里有一段很长很光鲜的记载：杨光泩，政府官员。从清华大学毕业后，1921年前往美国。1921年获得科罗拉多学院文学学士学位；1924年，获得普林斯顿大学国际法与政治学博士学位。1921年至1922年，担任华盛顿会议中国代表团学生随员；1923年至1924年担任《留美中国学生月报》主编；1926年至1927年，担任乔治城大学中文教授；1927年，担任清华大学政治学和国际法教授，兼任北洋政府外交部顾问；1928年加入南京国民政府外交部条约司；1929年至1930年，担任外交部外交关系委员会行政主管；1930年，被任命为驻欧洲专员。

杨光泩的履历长到可以写上一页纸，但是吸引严幼韵的却不是光泩身上那些耀眼的光环和头衔。而是这个男人，不像是幼韵的其他男性朋友那样幼稚。事实上，在严幼韵18岁的时候，媒人就开始为幼韵的婚事忙碌起来。那个时候，上海、天津两地的官宦富商来严家提亲的人络绎不绝。可是，倔强的幼韵却认为，将来的丈夫必定是让她尊敬、欣赏、钦佩的人，否则不嫁。看似是一位心高气傲的公主的不切实际的幻想，但是这句豪言，在遇到光泩的那一刻成了真。

光泩的出现对于严幼韵来说是生命中的一颗耀眼的星辰，照亮了幼韵的人生。

杨光泩虽出生在上海的丝绸商贾之家，可以说是一位富家公子。但是，由于杨父的不务正业和花天酒地，所以，杨光泩很早就开始承担家庭的重担，照顾着母亲和弟妹。待人和善、敦敏好学的杨光泩是最早公派出国留学深造的学生之一，不负众望的杨光泩学成归来。带着丰厚的学识和修养，28 岁就身居要职的杨光泩在上海滩自然是前途无量的青年才俊。正是这一点，吸引着严幼韵，让她痴迷，让她依恋。

1928 年夏日的一天，严幼韵依旧驾着她的“84 号”豪华汽车行驶在上海的街头。这样一位秀丽的女子居然能如此从容地驾驶汽车，大街上的杨光泩看出了神，看傻了眼。就这样，痴痴地跟着“84 号”，一路尾随到了严幼韵的朋友格蕾丝·王家。月老已经牵好了线，就等着这个美丽的重逢。格蕾丝·王同样也是杨光泩的朋友。聪明的光泩在上海的大华饭店安排了一场下午茶舞会。当然目的是接近严幼韵。而扮演月老的就是这位格蕾丝·王。善于交际，舞跳得很棒的杨光泩赢得了严幼韵的青睐。这对于光泩来说，是一生中最幸福的事情。大上海的“84 号”小姐就这样成了他的女朋友。这也是杨光泩一生都引以为豪的事情。

对于严幼韵来说，光泩是无比完美的男子。因为他博学、善良、正直、宽厚、仁爱、聪慧。也只有这样的年轻有为、风华正茂才能配得上如此的名媛闺秀。婚姻自古就有门当户对的习俗。当严父把女儿与光泩的家世放在一起比较的时候，沉默良久。可是严父终究是开明的现代家长。所以，两个热血青年在最开始就没有家庭的“煎熬”，“随心所欲”地谈了一场轰轰烈烈的恋爱。

当别人认为郎才女貌的时候，当事者未必也有同感。在严幼韵的侄女严仁美看来，外表英俊潇洒的男同学陆钟恩要比一身官派成熟的杨光泩更能赢得姑姑的心。可是，仁美猜错了。因为，在严幼韵的心中，这个极富责任感和才情学养的杨光泩更加魅力非凡，卓尔不群。

当更多的上海名媛最后选择富家公子、达官显贵的时候，严幼韵把心交给了这样一个还不到三十岁，家境并不算殷实的光泩。因为，在严幼韵的内心，情谊比金钱更加可贵，才学比起名誉地位更加有分量，成熟稳重的性情更胜过无数俊俏的眉眼。严幼韵当时择婿的眼光可谓“与众不同”。让更多的人惊诧，这样一位上海的名媛为何要倾心于这样一位男子。

在逐渐的交往中，严幼韵愈发对这个“多面”的男子痴迷。为何一个政府要员也能有诗情画意的文韬，为何一位翩翩公子也能操持家务，又为何一位风华正茂的才子也会有融融的温情。一切的一切都是那么让严幼韵着迷。杨光泩如同一本好书，幼韵想快一点读完它，可又不舍得“好读书不求甚解”。

爱情的魔力让人无法回避。因为爱情，他们天荒地老。因为爱情，他们惺惺相惜。

当遇到杨光泩的那一刻，幼韵的眼中就不曾有过别人。光泩是幼韵青春不负年华的证明，光泩是幼韵爱情不顾一切的佐证，光泩是幼韵生命中绽放的最热烈的花，光泩是幼韵一生中品尝过的最浓烈的酒。即便晚年的严幼韵再嫁顾维钧，可是，在严幼韵的心中，永远留一个位置给他，给杨光泩。

相遇相知之后的恋爱时节，是糖里裹着蜜的幸福日子，是如胶又似漆的缠绵。也许，在杨光泩最开始追求严幼韵的时候并不知道她就是上海滩有名的“爱的福”。但或许即便知道，以杨光泩的性格也会不假思索地追上去。相恋的日子里满满的都是甜蜜幸福的回忆。晚年的严幼韵每当和朋友讲起那段初恋的岁月，都会不禁地暗笑浅吟。

他们一同跳舞，舞步滑动中深情地对望双眸；他们一同看电影，快乐着别人的快乐，悲伤着别人的悲伤。初恋的美好就在于所经历过的一切事情都是之前未曾经历但是一直向往的。

那年的上海梧桐树下也许有他们的深情告白，外滩白渡桥上也许有他们的海誓山盟，严氏宅院里有聪明的光泩逃过仁美的顽皮“责难”，复旦校园里有严幼韵飞扬的衣裙眼角。这些美好的回忆都成为严幼韵所有回忆中最美好的部分。每一次和光泩的约会都是那么地清晰，每一次和光泩的牵手都是那么地记忆犹新。每一次的散步都是那么地轻松惬意。

在严幼韵百岁的人生华章中，这一篇一定是最热烈的。因为这里有少女的情怀，这里有炙热的爱恋，这里有任意挥洒的青春，这里有贲张的血脉。

这就是爱情，在开始的时候结局早已经写好，这就是青春，在挥霍中就已经无悔人生。

盛世欢喜，寂寞心思

初恋是人生最美好的一段序曲，是体味人生的欢喜与苦痛的最好方式。在恋爱中，我们可以感受到什么是肝肠寸断的痛，也能体会到什么是情不自禁的喜。

爱情，是人类最奇妙的一种情感。它不同于血浓于水的亲情，也有别于天长地久的友情。它不是与生俱来的休戚相关，也不是朝朝暮暮的同甘共苦，而是刹那间的一见钟情，更是偶然间的不期而遇。

爱情可以让人欣喜若狂，也能让人撕心裂肺。这就是爱情，每一个怀春的少女都会期许，每一位钟情的男子都心有悸动。在严幼韵的内心深处一直是渴望着爱情的出现，就像是一个小孩子在盼望着一场期待已久的演出一样。当爱情真的出现的时候，严幼韵没有像其他女孩儿那样选择腼腆和回避。

幼韵真正接触爱情的时候，就是在朋友的婚礼上。在那场婚礼上，幼韵感受到的是爱情的伟大和相爱的人托付终身的勇气。

1926年6月，姑苏城里早已夏日炎炎。严幼韵的好友即将举行婚礼，幼韵受邀参加婚礼，并做了伴娘。此时的幼韵还没有想到，她的真命天子会在两年后的某一个夏天，向她发出生命中最诚挚的邀请。21岁的严幼韵，平生第一次做伴娘。她既欣喜又忐忑。因为，这是一场西式的婚礼。伴娘需要穿着西式的礼服，和英俊潇洒又文质彬彬的伴郎共同完成整个婚礼仪式。每每想到这，幼韵都激动不已。

幼韵想要做一次完美的展示，也想给结婚的好友一张满意的答卷。于是，幼韵跑遍了大上海，选了最精致的衣料，自己设计了礼服的款式，找来了全上海滩最心灵手巧的裁缝，为自己缝制了一件独特的礼服。这件礼服的独特之处在于虽然是西式的，却有一个中式的旗袍的领子。

在此之前，除了学校规定必须穿着的校服以外，幼韵几乎很少穿中式的服装，旗袍就更是少有。因为，年轻的幼韵认为旗袍太过刻板，少了很多现代的气息。反而是出国之后，中式的旗袍从来没有离开过她的视线。在参加盛大宴会时的严幼韵，在联合国担任礼宾官的严幼韵，百岁生日宴会上的严幼韵，从来都是穿着合身的旗袍，优雅出现。

或许这个中式旗袍的情结就源于1926年这场同学的婚礼。幼韵为自己设计的礼服上半身是旗袍衣领设计，下半身是一层层的紫色薄纱做成的蛋糕裙。严幼韵还在左侧的肩头设计了一朵花，做陪衬。从当年的黑白照片上看，这位伴娘的风度和姿容绝对在新娘之上。

不知，照片上的新娘有没有为请严幼韵做伴娘而“懊恼”。因为这位伴娘着实有点抢了新娘的风头。当年苏州的那场婚礼上，许多人都在议论“幼韵”。

可是，严幼韵却是认认真真去做伴娘的。以至于从苏州回到上海后，回想婚礼上伴郎的样子都十分模糊。但是，一场婚礼，一件伴娘的礼服，足以让我们感受到当年严幼韵是何等有主见。

这就是严幼韵，不肯苟同，不肯盲从，从不模仿，绝不复制。其实，我们每一个人在出生的时候都是独一无二的原版，但是，经过岁月的打磨，人世的历练，我们又大多活成了别人的复制品。似乎是这样的，我们不按照一些人既定的道路去前行，反而会被看成是“离经叛道”。所有的少女都会因为爱情而疯狂，因为这是女人的本性。爱情是女人的全部生命。一旦爱了，就无法收回，只能将爱情进行到无以复加的地步。听起来有些疯狂，甚或是惨烈。但这就是女子，这就是爱情。

现在的时代是一个缺少自我实现的时代。更多的时候，更多的人是选择比较保险的人生之路去走。但其实，在我们启程的那一刻，结局早已经写好。

哪个少女不怀春，在 21 岁的幼韵心里，也有理想的另一半的模糊样子。相貌无论，人品第一；财富不论，性情成熟稳重最关键。有独立思想的严幼韵，一直严苛地掌管自己的人生，不曾偏离轨道，不曾复制他人。

所以，当两年后的 1928 年，幼韵遇到了光泩，目光就不曾移开一丝一毫。以至于姐姐华韵结婚，她都是心不在焉的。因为，光泩正在医院等待切除阑尾的手术。

严幼韵的姐姐华韵就没有妹妹这样时尚。姐姐华韵十分地传统，留着传统的辫子，最喜欢的娱乐就是看京剧。年轻的幼韵有时很不理解姐姐华韵。正值青春年华，是什么让一个本该热情奔放的女子如此地沉闷和无趣。结婚的时候华韵的丈夫只有十七岁，在结婚之前，他们甚至从未谋面。1929 年的春天，盛大的婚礼在严家的花园里举行。严家的花园里支起一个帐篷展示她的嫁妆。如此丰厚的嫁妆在当时的上海滩引起了很大的轰动。在结婚前夕，所有的嫁妆都用红色的绸子包好，浩浩荡荡地送到了新郎的家中。家中的姊妹中华韵是第一个结婚的。严家用最隆重的仪式送出了第一位千金。

这场婚礼举办的当天，幼韵所有的心思并不在姐姐身上，而是记挂着住在医院里的光泩。当一个女子把全部的心思都交付在一个男子的身上时，她的眼中心里就只有这一个人。可以为此义无反顾，可以为此放弃一切。

光泩是值得托付的人。在光泩外表光鲜的掩映下，杨家的屋脊是在他的脊梁下站立的。一切的内外事宜都是由光泩一个人打理。所以当光泩病倒了的时候，并没有告诉家里人。幼韵担心自己的心上人，所以在婚礼结束之后，幼韵连礼服都没来得及换就跑去了医院。幼韵总是认为，只有自己一个人知道光泩住院，要进行阑尾手术。这意味着光泩的信任、重托，还有满满的爱意。

试想，如果不是情深，怎会将生命交与。

光泩割去阑尾，住院期间，一直是幼韵照顾着她。也正是这一段日日相处，两个年轻人的心彼此靠近，无法分离。一杯温水，一块方巾，一句关切，一声浅笑，都是幼韵殷殷的爱意，都是幼韵隐隐的真情。无须多言，相视一笑的真情就是最好的证明。

患难才能见得真情在。正是这段时间的相依相伴，在光泩和幼韵的心中都埋下了爱情的种子。如果说此前的情感还只是一种爱慕，那么这几个月的相伴就成了爱情最好的证明。

就在光泩出院的几个月之后，幼韵和光泩就订婚了。这是绅士淑女的婚姻契约。一个风华正茂，一个绝代风华。幼韵将一生的幸福都交付给了这个人。这个人也用一生回复了这个允诺。一切都来得太快太突然，幼韵在还没有准备好迎接生命中一个重要的人出现的时候，这个人却活生生地站在了她的面前，走进了她的世界。

订婚，一件多么重要的事情。但是幼韵却没有犹疑，没有退缩。因为，幼韵知道，这个人就是她梦中的光点。幼韵在遇到光泩之后，就知道这个就是自己一直在等待着的人。所以，当光泩明确表达爱意的时候，幼韵内心是无比开心的。

对于当时的青年才俊杨光泩来说，这个未婚妻是上海的名媛闺秀，是复旦大学的才女校花，更是自己最倾心相付的知心爱人。

一世情缘，羡慕了多少有情有义的痴男怨女。这就是上天给幼韵最好的恩赐。很多时候，我们无法相信爱情的魔力，但是当爱情向我们缓缓走来的时候，又是我们最喜出望外的时刻。

寂寞空庭春欲晚，幼韵一个人静坐在严家的庭院中，想象着未来的生活，怎样做一位贤妻，怎样做一位孝媳，怎样做一位良母。生活仿佛在悄然地发生着改变。

光泩的每一个牵手，每一个眼光，每一个笑颜，都是幼韵心心念念的期待。都是严幼韵心内最热切的渴望。当少女的心思被爱情打开一个口子的时候，所有的情感都在顷刻间流淌，不可阻止，无法阻挡。

少女的心思在此时再也按捺不住寂寞，盛世的欢喜，寂寞的心思，只有另外一个人才了解，那个人就是——光泩。一个温暖的名字，相伴着走过幼韵人生中最亮丽的年华。

恋爱和婚姻是全然不同的两个世界，在恋爱的春天，阳光是明媚的，春雨是滋润的。但是，在婚姻的夏天，烈日是否毒辣，暴雨是否倾盆……

第四章

新婚 - 自信是最美的盛装

闪耀上海滩的世纪婚礼

婚姻是很多爱情的坟墓，婚姻也是很多爱情的温床。当一个女子决定和另外一个人相知相守一生一世的时候，是需要极大的勇气的。因为，即将面对的可能是并不如心所愿的生活。但更多的女子在选择结婚的那一刻并没有想得那么多。

杨光泩和严幼韵的爱情堪称典范，从开始到最后的被迫结束都是幸福的。没有猜忌和怨恨，没有不解和争吵。或许是因为他们的结合被太多的人关注。上海的青年才俊配上民国的才女校花，这样的组合总是会引来许多人的关注。但这段幸福婚姻的真正原因是两个人的相互倾慕，不离不弃。

当看着心爱的人时，每一个女子都有返老还童的绝技。24 岁的严幼韵在遇到杨光泩，瞬间变成了小孩子。快乐变得很简单，只是要和光泩在一起就好。

同样作为上海滩的上流社会中的人物，光泩的父母和幼韵的父母早就相识。对于这位热情奔放又彬彬有礼的杨光泩，严氏府邸的所有人并不排斥。幼韵的父母对于光泩的追求表示了默认。这就是从封建社会走出来的现代家庭。父母如此开明，不仅女孩子和男孩子有同等享受教育的权利，而且，在婚姻这样的大事上，还是极大地尊重了儿女的意愿。这样的通脱，恐怕当代家庭能够做得很好的也不会很多吧。

虽然彼此的父母都是熟人、朋友，但是，光泩还是希望两家的家长有正式见面的必要。这就是杨光泩，自有一套处世哲学。

一次，在朋友们的聚会上，光泩在玩牌的时候向幼韵借了十块钱。这显然是光泩事先想好的。这一借一还，就有了双方家长的第一次正式会面。光泩也就借着这样的方式把自己正式地介绍给了幼韵的母亲。

见面的时候，光泩显得十分紧张。尽管见惯了国际大场面，在正式的拜见幼韵父母的时候他还是很紧张。稍显拘谨的动作和迟缓微颤的语调都表现出了光泩对于这场见面的重视。两家本就有来往的家长对于这桩婚姻都是十分满意的。所以，一切都按照两个年轻人内心的想法发展着。

之后的订婚就变得顺理成章。对于严氏来说，这样一门婚事自然是门当户对的。严氏善于经营丝绸生意，杨家也是大上海的一个丝绸商。新郎是南京国民政府任命的外交部上海特派员，有着海外留学的经历，又担任着国民政府的要职。并且相貌堂堂，身材高大笔挺，金丝眼镜下，目光如炬。最重要的是这位前途无量的青年才俊对新娘一片痴情。

1929 年 9 月 8 日，杨光泩和严幼韵在大华饭店举行了盛大的婚礼。在婚礼之前的几个月里，幼韵一直为这场纪念爱情的婚礼忙碌着。幼韵的婚纱和伴娘的礼服都是由上海著名的法国设计师加内特女士设计的。而严幼韵向法国设计师提出了唯一的要求，就是要有中式的领子。当时的大上海，是时尚之都，摩登之都，很多豪门贵族都选择西式的婚礼，因为可以穿有蕾丝花边的婚纱。但是，作为见惯了欧美时装周的严幼韵，却要求西式的婚纱有中式的领子。

一位念过西式学堂的时髦女孩子，在结婚的这件事上，在最重要的婚纱这件事上还是回归了传统。在严幼韵的骨子里，一直都流淌着民族的血液。既是之后流寓海外几十年，这种血脉的传承都未曾断过。

幼韵的侄女严仁美常常回忆：姑妈订婚不久就请了 15 岁的仁美做伴娘。为了那一场盛世婚礼，仁美第一次烫了头发。幼韵整日为婚礼忙碌。光泩也参与其中，并且坚持一切都要用最好的。因为能够娶到“84 号”小姐已经是十分幸运的事情了。每一个男人心里都有一个王子的情怀，就像每一个女人心里都有一个公主梦一样。而这种情怀最直接的体现，就是要呈现一场梦幻婚礼。

幼韵一次次地挑选伴娘礼服的布料，一次次修改伴娘礼服的款式，甚至，幼韵还亲自参与设计了伴娘的鞋子。就在婚礼当天，幼韵还在忙着为伴娘涂指甲，绑鞋带。为了婚礼的这些琐事，为了达到细节的完美，幼韵经常要忙到很晚。每当晨光熹微之时，幼韵才有睡意。但她又不想睡，因为总有新的事情需要她去做。

幼韵的父亲对于西式婚礼礼仪感到十分茫然。因为这是第一次按照正式的西式婚礼嫁女儿，他显得有些无从下手。虽然茫然，但严子均并不抗拒。即便婚礼的时候女儿要穿洁白的婚纱，戴洁白的头饰，穿白色的高跟鞋。这些装束在早些年都是行孝的礼服。严子均不在乎，他尊重女儿的意思，愿意照着女儿的意思去筹划，去准备，去安排。不仅仅因为这是他最最宠爱的女儿，更是因为幼韵的父亲坚定地认为，女孩子出嫁之后可能过得不如意，要受婆家管束，并且嫁出去的女儿也不能再“理所应当”地享受娘家的“资本”。所以，对于这一场婚礼，严子均是倾尽全力的，也投进了全部的父爱。

关于嫁女儿的心情，全天下的父亲都是一样的。在婚礼举办的当天，严子均并没有感到十分开心。这从一百年前留下的婚礼当天的照片上可以看得出来。在那张婚礼的标准照，严子均眉头微蹙，嘴角轻扬，目光中有三分欢喜，七分愁意。这该是怎样的百感交集，这又是怎样遮遮掩掩的离情，但当时的严幼韵可曾注意到，可曾感受到呢?

中国式父亲往往不表达爱，所以许多父亲对女儿的良苦用心，往往要到女儿出嫁的那一刻才会表现出来。无论女儿嫁的那个人是多么优秀，多么情真意切，对于一个父亲来说，那都仿佛是不足够的，也仿佛是堪忧的。

严幼韵结婚后不久，便和杨光泩一起去了欧洲，没想到随即接到父亲病逝的消息。严幼韵十分伤心，觉得天塌下来了。因为对于父亲的病情，幼韵一无所知。可想而知，当时孱弱的父亲应该是强撑着病体，完成了女儿出嫁的心愿。

父爱沉沉，父爱深深。

婚礼在上海的大华饭店举行。就在光泩和幼韵举行婚礼的前几个月，一场世纪婚礼刚刚在大华饭店落幕。那就是影响了中国半个世纪的蒋宋联姻。当时的社会舆论，评价这场世纪婚礼是一场政治联姻。但是当蒋中正和宋美龄相扶偕老时，我们看到的是相濡以沫的爱情，这爱情没有半点政治的影子。所以，婚姻就是婚姻，局外人的我们不能轻易地否定或怀疑任何一个因爱情而缔结的婚姻契约。

以严杨两家的地位和影响，以青年才俊配名门闺秀的组合，参加这场婚礼的宾客逾千人。五位伴娘加上五位伴郎阵容豪奢，皆是上海的名媛贵胄。婚礼当天，伴娘们身穿时尚的白色长裙，一样的装束，不同的发饰，各异的首饰，已经引来宾客的赞不绝口。更何况是盛装出现的新娘和新郎。新娘头上戴着华丽璀璨的皇冠，引来了大上海所有媒体的争相报道。更让人们把幼韵头上的皇冠和此前举行婚礼的宋美龄鞋子上的当年慈禧凤冠上的珍珠作比。一样的奢华，不一样的风情。

十人的伴郎伴娘团，三位娇小可爱的花童，两位神采奕奕喜上眉梢的新人，在大华饭店的门口一字站开，当老式的照相机“嘭”的一声闪光之后，成了永远的定格，成了历史的佐证，成了无数人心头的美好记忆。

婚礼当天杨府和严府都设宴招待长辈和亲友。严氏在南京东路的老房子和在静安寺区的新宅都是繁华地带。两家张灯结彩，有一些布幔上还特别书写了很大很大的字——“爱的福”

爱的福气，爱的祝福。两位新人，站在大华饭店高高的穹顶之下，宣布誓言，交换戒指，相拥而泣。彼时的世界如此渺小，小到装进了两个人的心里。彼时的世界又是如此广阔，广阔到等待两个人去游历。

天若有情天亦老，所有的祝福都抛向他们的时候，他们的幸福才刚刚开始。而之后的苦难也随之踏来。

蜜月里的伦敦

当婚姻兑现了恋爱的诺言，当新婚的宴席高朋满座，当盛装的新娘变成少妇，一切波澜壮阔都归于生活的平淡如水。这时，很多甜言蜜语会淡去味道，很多绚烂多姿会褪去色彩，很多幸福欢歌会卸下道具，这时，婚姻将变成爱情的坟墓。曾经互许终身的恋人会变成仇敌，许多爱情就这样变成了过往的神话，可望而不可即。

但是，严幼韵和杨光泩的爱情没有落入这样的魔咒。

新婚之后的幼韵和光泩过了一段短暂的、忙碌的、幸福的生活。在结婚之后的几个星期里，杨氏夫妇一直住在上海的愚园路，和婆婆住在一起的日子，严幼韵并没有感受到一丝的拘谨。幼韵的婆婆并不像很多我们现在印象中的上海婆婆那样刁钻、古怪。反而是十分的和善。但是作为新婚的杨光泩来说，这样的“幸福时光”并不是他真正想给严幼韵的。所以，曾经游遍欧美的光泩一直策划着一场“蜜月旅行”。

年轻的人们总是有很多新奇的想法。现在的年轻人结婚，很多都会远赴海外蜜月旅行。在异域风光旖旎里，甜蜜的享受二人世界。爱情是自私的，不能与他人分享，爱情又是孤独的，不想被外界打扰，而蜜月旅行就是最好的逃离。早在1930年的上海，杨光泩就在心中盘算着要送给娇妻一次漂洋过海的浪漫之旅。

新婚燕尔的杨光泩赶赴南京，担任南京国民政府外交部情报司副司长兼外交委员会主任委员。这样显赫的职位，这样重要的工作都足以证明杨光泩在南京国民政府中的重要性。在六朝古都的南京城里，杨氏夫妇接受着来自各方的祝贺，几乎是“夜夜笙歌”。秦淮河里都飘荡着他们的甜蜜笑声，映红了天边的落日，映红了新娘娇嗔的脸颊。

晚年的严幼韵每每回忆起那一段日子时，脸上都会泛着光。因为，当年的秦淮小曲，乌篷摇橹，觥筹交错，鸿儒白丁，一切的一切都是那么地让人艳羡。却又是那么地稍纵即逝，那些日子是严幼韵作为大小姐的无忧无虑生活的最后时光。说来似乎有几分悲切。事实上，父亲曾经娇惯女孩子的主意是对的。因为一旦出嫁，女孩儿成长为主妇，接踵而来的就是一连串的生活琐事和人间冷暖。女孩子再也不是父亲膝上的宠儿，而是独当一面的强者。这种转变，在严幼韵看来，并没有什么困难之处。

上海大华饭店的盛世婚礼的余温还没来得及全部消散，杨光泩的欧洲特派员任命书就签发下来了。在出国之前，光泩为他的父亲和年龄大一点的弟弟们谋得了职位，安排了妹妹杨立林和最小的弟弟读书。这是光泩的性情，永远想到的是家人、朋友。

当一切都安排妥当之后，杨光泩挽着严幼韵的手登上了远赴重洋的轮船。

从这一刻开始，幼韵四处漂泊的生活张帆远航了，没有准备，没有预告。

1930 年 4 月 4 日，光泩和幼韵坐上“柯立芝总统”号，离开了上海。幼韵没有想到，这一次看似简单的出行却是和故乡做深长的告别。因为此后严幼韵就开始正式的“四处为家”的生活。这就是一位外交官的生活，作为南京国民政府最年轻有为、前途无量的外交官杨光泩的夫人，幼韵开始“流浪”。

这一次的远赴欧洲，实际上是杨光泩精心策划的“蜜月旅行”。虽然杨光泩有乘公务之便的嫌疑，但是这些都是源于对妻子的万般宠爱。

“蜜月旅行”的行程都是杨光泩一手安排的。幼韵只需做个听话乖巧的“游客”，任凭这位深情的导游带着她去这儿、去那儿。

他们的第一站是杨光泩念大学的地方。在美国的科罗拉多州斯普林斯市，光泩带着幼韵去见自己的大学教授。这位教授是光泩文学启蒙的老师，所以光泩迫切地希望把自己新婚的妻子、复旦大学的校花、民国的才女带给自己的老师看看。这犹如小孩子考试拿了满分后，把试卷带回家向家长炫耀成绩。爱情的魔力不仅对女人有效，对男人也是如此。

他们在教授的家里住了三天，教授虽然已是上了年纪的老者，并且近视得很严重，还是驾车载着他们开上了山路，这一次出行被后来的严幼韵定义为“惊魂之旅”。这让她想起了多年前的北京之旅。这可真是惊心动魄的蜜月旅行。

在20世纪的30年代，美国华盛顿是世界上最时尚的大都市。

虽然只是短短五天的时间，但是光泩和幼韵在这里很快乐，很轻松，很自由。因为终于到了一个没有应酬，不用逢迎的城市。在这里，他们可以尽情地享受蜜月里的时光。光泩开着一辆敞篷车，带着幼韵去参观白宫。那是一座和东方建筑艺术截然不同的美国建筑。光泩给幼韵讲美国的历史，讲白宫的建筑特色。在杨光泩声情并茂的讲说时，严幼韵看到了这位大才子的博学多才，也看到了光泩眼底的柔情。

深情的爱意注满了幼韵的全部内心。幼韵越来越觉得光泩的身上有太多的闪光点可以让自己一点一点地慢慢体会，慢慢发现。

当时的美国纽约正值酷暑，从小在天津长大的幼韵从未感受过这样的酷热天气。所以整个美国之行，幼韵都忍受酷热。而除了天气之外，国外的生活没有让严幼韵感到任何的不适。从小在教会学校长大的严幼韵在语言交流上没有任何障碍，在面对西方的思想、文化、礼节，甚至是饮食上没有任何的排斥。流利的英语，得体的举止，这些都成了严幼韵第一次出国交出的满意答卷。

在美国的最后一站是纽约。两个星期的时间里，光泩竭尽全力为幼韵做最舒适的安排。光泩带着幼韵去跳舞、看戏、吃豪华大餐。

就这样，将近一个月的美国之行在杨光泩细致、周到的安排中快乐地结束了。杨光泩新的职务是驻欧洲特派员。当时的国际关系风云变幻，杨光泩的工作也是在夹缝中前行。当严幼韵陪着外交官丈夫坐着“欧罗巴”号处女航前往英国后，杨太太实际上已经提前结束了蜜月旅行。开始以一位外交官夫人的身份站在英国伦敦昏暗的街道上。比起美国东海岸的碧海蓝天和纽约的高楼大厦，英国伦敦显得破旧不堪，阴暗潮湿。尽管是夏天，天气却是湿冷的。不仅仅是因为温带海洋性气候的原因，更是因为工业时代造就的城市污染越演越烈。

当工业文明大踏步地向前挺进的时候，刀耕火种的“愚昧”就变得越发愚昧。但是，到最后，人类走到尽头之时，终不知是谁取笑了谁。

刚到伦敦的时候，光泩和幼韵住在最豪华、最新的梅菲尔酒店。梅菲尔酒店里的草莓像名贵的珠宝一样被摆在精致的盒子里，被送到了幼韵的房间。这样的情形让幼韵终生难忘。这也是幼韵一生中吃过的最昂贵的草莓，价格堪比珠宝。

但是，无论如何，生活看似终于安顿了下来。幼韵要陪着光泩一起在这里度过漫长的驻欧洲岁月。所以，到了伦敦一个星期之后，幼韵和光泩终于搬到了属于他们自己的公寓。不仅因为要安定的生活，更是为了迎接一个小生命的到来。在整个蜜月旅行的日子里，其实幼韵一直都有新妈妈的各种不适反应。现在，终于到了伦敦，有了属于自己的公寓，请了一位尽职尽责的管家。尽管他们在陌生的伦敦没有什么朋友，但是幼韵并不觉得孤单寂寞。因为她要为宝宝准备新衣服。

而就在一切的美好正在热情洋溢地进行的时候，她人生中的第一个打击突然降临。就在第一个女儿即将降临的时候，幼韵接到了上海的噩耗：父亲去世了！

幼韵无法相信，那个慈爱的、精明的、喜爱逗趣的父亲就这么走了。甚至都没有留下一句话给自己。无言的泪水搅着悲痛在幼韵的脸上恣意纵横。

在失去父亲的那段日子里，正是光泩的陪伴，让严幼韵一点点走出伤痛。也许，曾经和光泩一同经历的都是幸福、快乐，所以这份感情给了幼韵浓浓的依赖感。除却父亲，光泩就是这个世界上幼韵唯一可以依靠的人了。幼韵感到了一份厚重的爱意正在包裹自己，一个宽大的肩膀时刻等待自己的依靠。

历经磨难方知情重，同甘共苦才能相濡以沫。爱情就是这么简单，也是这么深刻。

无师自通的天性

很少有人相信，一个生养在豪门贵户的名媛闺秀，从小就有大群的仆人围绕的严幼韵做起妻子来会如此地“得心应手”。但是更多的人记得，这位从小在教会学校里长大的大小姐，一直是位特立独行的骑手，带着独有的潇洒与率性，在传统与现代的冲撞融合中一路前行。

自幼生长在富裕之家的严幼韵，结婚之前并不曾参与过任何的家务事，因为总会有人帮她处理好一切的事情。所以很多时候，结婚之前，母亲常常担心年轻的幼韵将无法适应婚后琐碎的生活。尤其是要做一名外交官的妻子，需要权衡很多关系，处理很多事情。所以母亲常常叮嘱幼韵要多留心、多学习，一定要学会打理好夫家的生活。

所幸，母亲所担忧的一切都是多余的。严幼韵在变成了杨太太之后，就俨然是一位合格的外交官的太太。

在严幼韵的记忆中，和光泩最初几年的婚姻生活里，关键词就是“辗转”。好像一直都是从一个地方搬到另外一个地方，从一个国家奔赴另外一个国家。而且常常是令人猝不及防的，光泩接到新的任命就启程上任，留下这位娇小的杨太太来“善后”。这看似说得有些严重，但是实际情况远比想象中的要复杂。

让严幼韵记忆最深刻的是蕾孟的出生。1930 年的 9 月，光泩接到了国民政府新的委任，他将赶赴日内瓦负责即将前来参加国际联盟会议的中国代表团的媒体工作。这项工作对于光泩来说是项新的挑战。因为，杨光泩自从在南京国民政府任职以来一直是负责外交事务。这次的工作虽然与外交有关，却是负责新闻工作。但是光泩的表现惊人地出色。而这些都源于光泩在科罗拉多学院获得的文学学士学位。光泩的文学天赋和写作才华随后也得到了证明。严幼韵的姐姐莲韵曾经回忆：一次舞会上，莲韵去盥洗室，大约十五分钟之后返回。光泩已经利用这短暂的空隙为他自己的报纸写好了一篇文章，并且令人送了出去。

这就是杨光泩惊人的时间管理能力和工作效率，这几乎是所有优秀者共通的品质。虽然生命只有短短的四十几个春秋，却留下了异彩华章。如此的才华横溢，如此的激情洋溢，这些都是幼韵的倾慕和眷恋所在。

就在赴任日内瓦的时候，准妈妈严幼韵已经到了孕晚期。这个时候的幼韵心情焦虑，行动也不大方便，其实是最需要丈夫的陪伴和关怀的。可是，光泩却要因公离开。可以想象，严幼韵心里有很多的不舍得、不情愿。但是大局为重，幼韵更加懂得作为外交官妻子应有的胸怀和气度。光泩不仅仅是幼韵的爱人，更是整个中国外交的咽喉。

在光泩离开后不久，幼韵带着接生员和医疗设备上路了。旅途中历尽了波折：先是乘火车到了丹佛，然后渡过了英吉利海峡到达法国加来港，从那里转火车前往日内瓦。幼韵身怀六甲，一路颠簸辗转。虽然辛苦，但是幼韵丝毫没有埋怨和退缩，一路笑语欢歌地来到日内瓦和光泩会合。

1930 年的 9 月 25 日，幼韵和光泩的第一个孩子杨蕾孟出生在日内瓦雷蒙湖畔的一家私人医院里。蕾孟的出生给这个奔走在国际的杨家带来了无限的欢乐。蕾孟的中文名字的含义是“第一朵花蕾”，正像很多中国家庭的父母一样，蕾孟被寄予了幼韵和光泩无限的爱意。

幼韵为蕾孟请了一位瑞士籍注册护士，名叫泽泽。当联大会议结束的时候，她带着泽泽、蕾孟和学会了做中餐的瑞士女佣乔吉特去了巴黎，并且在巴黎的战神校场租了一间漂亮的公寓。就是这样，从蜜月旅行开始，从踏上船板的那一刻，短短一年的时间里，幼韵跟随着光泩的脚步，丈量了美利坚合众国的白宫和中央公园的草坪，丈量了英国伦敦的古老街区，丈量了日内瓦的万国国旗下的砖石，丈量了巴黎凯旋门外的广阔甬道。

虽是过着“四处游荡”的生活，辛苦归辛苦，久了也能寻出些乐趣。严幼韵渐渐懂得了乐在其中。频繁搬家租公寓的经历，让严幼韵练就了精细的心思和思虑周全的头脑。每一次租房子都是对严幼韵的一个考验，她要走遍大小街区，经过一次次的比对和考量，与很多人沟通了解情况，最终做出决定。每一次，幼韵总是能够找到最心仪的公寓。

小蕾孟一天天地渐渐长大，从一个咿呀学语的婴儿长成了美丽可爱的小公主。而幼韵在生了蕾孟之后，开始了全新的生活。不仅仅是学着做一位贤妻良母，严幼韵更是在摸索着做一位外交官夫人的本领。在法国居住的几个月里，幼韵在 1932 年的新年，去中国公使馆拜会，并在那里，被正式介绍给了顾维钧，并且结识了顾维钧的夫人黄惠兰女士。但是，当时连严幼韵自己都不会想到，多年以后，顾维钧会成为她自己生命中最重要的一部分。

两代杰出的外交家，都对这位民国名媛钦慕爱恋。足以窥探幼韵当年的绝代风华。

从巴黎开始，严幼韵的社交活动开始慢慢地多了起来。严幼韵在公使馆和领事馆认识了很多朋友。在法国居住的那几个月里，幼韵接待了很多朋友。而驻罗马使节之女蒋士云就是其中之一，这位女士也在未来的日子里，成了严幼韵的重要知己。

1931 年初春，杨光泩被任命为驻英国伦敦总领事，于是，这个“联合国家庭”又搬往了英国伦敦。这一次，作为驻英国伦敦的总领事，杨家必须在雅致的使馆区找到合适的公寓。最终，幼韵经过一番辛苦，成功找到了合适的房子。也是在这所公寓里，幼韵举办了很多次舞会、聚餐，并且结交了更多当时中国的名士名媛。每个周日，幼韵都会邀请三五位好友来家里包饺子，擀面条，表达对故土的思念。几乎每一位到过伦敦的中国人都接受过幼韵的邀请，来到这所温馨的公寓，感受故乡浓浓的人情味。就在这样的聚会中，蒋士云和刚刚丧妻来欧洲度假散心的贝祖贻相识了。

贝祖贻的几个孩子中，就有后来的著名建筑师贝聿铭。贝祖贻很是幽默风趣，经常喜欢讲笑话，而蒋士云又经常转述他的话。很快大家就把他们看作情侣，不久之后他们就在巴黎举行了婚礼。

1931 年，居住在英国伦敦的严幼韵是快乐的。幼韵整日忙着接待贵宾，招呼朋友，忙得不亦乐乎。尽管整日忙碌于应酬和交际，幼韵并不感到疲惫和无趣。反而经常会想出许多奇妙的点子，把好朋友们都召集到一起。对于忙于公务的杨光泩来说，能够娶这样一位贤内助回家，无疑是锦上添花。超高的人气，融洽的氛围，和谐的处境正是一个中国外交官所最需要的生活和工作的土壤。

杨家的这位杨太太总是能在最恰当的时候给出最合理的安排，例如什么时候在家里招待领事馆的官员，什么时候应该去拜访来到伦敦的中国朋友，又例如出席国际会议时应该穿什么样的西装，赴宴时应该打什么样的领结。光浩看着为家事国事忙得不可开交的幼韵，心里很是欣慰和满足。

任何时候的外交事务都是要有体面的生活，然而正是在1932年，中国政府遭遇了前所未有的危机。原本就薪资微薄的驻伦敦总领事更是举步维艰。无奈之下，幼韵提起笔，给远在上海的姐姐写了一封很长很长的信，希望得到家里面的帮助。提起笔写下第一个字以后，幼韵才发现，离开家的这几年里，自己忙得几乎很少给家里写信，父亲已经去世了，从不外出工作的大哥为了分得更多的家产，最后把遗产继承这件家事闹上了法庭。姐妹们也都有了自己的生活。幼韵眼噙着泪水，写完了这份殷殷浓情的家书，光浩也抵押了自己的人寿保险，借钱付了公寓的租金和员工的薪水。

在伦敦最艰难的日子里，幼韵和光浩也是相互扶持着，帮衬着。从未因钱起争执。贫贱夫妻百事哀，而在艰苦的生活中，幼韵和光浩相伴着走过了困境。

生活的转机就出现在1932年的秋天，光浩接到了新的任务。这一次，又将启程赶赴日内瓦，为中国政府创建一个类似路透社的新闻机构。为此，光浩放弃了英国总领事的职务。

很多时候，人生会遇到许多十字路口，每一次的选择都是一次放弃，每一次的放弃都会获得更多。很多时候，都是因为严幼韵的鼎力相助，才有了杨光浩的绝地逢生。

既来之，则安之

人生很多时候都是一场旅行。我们从一个地方赶到另一个地方，从一个城市奔赴另一个城市，感受不同的人生。每一次的出离都是对未来的一种期许，每一次的回归都是对过去的祭奠。在来来回回中，我们体味的是人生的精彩，或是离忧。

从 1930 年离开上海开始，严幼韵追随着杨光泩的脚步一路走在欧洲的海岸线上。这对伉俪夫妻在英法各国奔走，留下了许许多多幸福美好的回忆。其中虽有颠沛辗转的苦痛，贫困交加的隐忧，但是这些都没有妨碍幼韵和光泩认真的相爱，认真的生活。也正是在这段形影不离的日子里，两个人更多地了解了彼此的性情。

光泩是多才又是多情的，虽然工作很忙，但还是会抽出时间来陪幼韵去百货商店挑选衣服，去她喜欢的西餐厅喝下午茶。日子就是这样在漫步和悠闲中流淌着，最后汇入时间的汪洋。幼韵还保留着上海名媛的生活情趣，逛街、购物、美发、做指甲。除此之外，幼韵还会为光泩以及他的同事举办舞会或是酒会。在外交官夫人的“职位”上，幼韵做得得心应手。

在这段新婚生活中，光泩和幼韵经历了许多快乐与幸福。清晨，他们一同散步，傍晚，他们一同共进晚餐。生活琐事的点点滴滴都流淌成了温馨的河流，流进彼此的心田。在这几年的生活中，幼韵和光浩的甜蜜散布在欧洲的浪漫之都，渐成流动的回忆。

第一次的欧洲之行结束在法国的浪漫之都——巴黎。

1933 年的夏天，光浩带着幼韵和女儿蕾孟去蒙特卡洛度假。同去的还有蕾孟的保姆多萝西和幼韵的弟弟严智桐。

多萝茜虽然是女仆，但是幼韵早就把她当作家人一样看待，无论走到哪里，都把多萝茜带在身边，不仅仅是因为她要负责照顾蕾孟，更是因为那时初到英国，幼韵举目无亲，是多萝茜的帮助才能顺利渡过难关。

蒙特卡洛是摩纳哥的历史中心，也是世界著名的赌城，建于 1879 年的蒙特卡洛歌剧院，豪华气派，是欧洲最著名的音乐殿堂之一，每年一月至四月都要上演高质量的剧目。蒙特卡洛国际马戏节同样享誉世界。到了蒙特卡洛，一定要去那里的温泉浴场。蒙特卡洛海洋温泉浴场，继承了当地人海水浴的优良传统，创造了一种新的生活艺术，把地中海的浪漫风情和东方的智慧，融入了蒙特卡洛精神之中。

蒙特卡洛拥有欧洲最美丽的蓝色海岸线。这里是度假的胜地。许多欧洲的贵族或是商界名流都会选择在摩纳哥这个宗教小国的蒙特卡洛度假。在浓厚的宗教信仰和艺术氛围的包裹下，人的心情会不由自主地惬意起来。

所以，这里也成了光浩为幼韵安排的最后一站。

光浩在结束了日内瓦的工作后，带着全家在巴黎住了一段时间。

这是在光泩繁忙的工作中少有的闲暇时光。能够陪着妻子，陪着蕾孟，享受海滩和美食。悠闲的度日，不必理会平日里的烦忧。此次旅行，并不是只有光泩一家，同去蒙特卡洛的还有顾维钧夫妇和他在上海结识的新朋友——张福运的太太李国泰。这是一次朋友间的聚会。没有工作，没有社交，没有迎合，没有外交辞令。有的只是长长的海岸线上不停涌上沙滩的浪花和蕾孟开心的笑声。

对于幼韵来说，这段悠闲的时光难能可贵。因为光泩在欧洲的这几年，一直在中国外交的道路上不停地奔波筹划。蜜月旅行也在第一次到伦敦之后匆匆结束。

享受一家人在一起的时光是那么地幸福。早晨起来，幼韵和光泩常常一同去海边散步，海水咸咸的味道是那么地诱人。光泩的臂弯又是那么地宽大温暖，让幼韵依恋。能够给家人带来幸福，是光泩最大的希望。

幸福总是来得太突然，又会转瞬即逝。当光泩和家人享受着日光和海滩的时候，新的任务又来了。很多时候，幼韵真的想抱怨，抱怨光泩的忙碌，抱怨外交家的奔波。可是，严幼韵没有抱怨，每当杨光泩将开始新的启程时，幼韵总是默默地为他准备好行装。

杨光泩这一次接到的任命是：回国巡视湖南、湖北、安徽、江西和四川五个省份的外交工作，并且兼任上海的官方报纸中国新闻社社长。

既来之，则安之。况且，这一次整理行囊的目的地是——中国上海。

能够回家，是幼韵最高兴的事情。当新婚之后，开始那段蜜月旅行，幼韵就没有回过上海。转眼间，离开上海和家人已经三年之久。并且在这三年里，父亲去世，蕾孟出生，都是人生的重大转变。当初的少女已经变成了温柔的妈妈，当年的复旦才女已经变成了现在的外交夫人。一千个日子之后，幼韵变得更加睿智和坚强。

三年之后的幼韵，再一次踏上上海的土地，百感交集。

回想起刚刚和光泩开始蜜月旅行的时候，幼韵还是公主，什么事情都是光泩安排好的，幼韵只需要按照光泩的旅程表从一个地方来到另一个地方，挽着光泩的手臂，跟随着光泩的脚步从这里到那里。光泩的个子很高，腿很长，幼韵娇小的身材想跟上他的脚步并不十分容易。但不管怎样，那时的幼韵什么都不用想，只需享受公主级的待遇即可。

可是，三年的岁月磨砺，幼韵成熟了很多。几乎是在一夜之间成了掌管一切的人。操持家务，招聘仆人，培训管家，指导厨师，策划并主持众多派对。幼韵变成了自己的管家、自己的账房先生。

如果说光泩娶了幼韵给了她一个温暖舒适的家，那么光泩更是一位眼光独到的导师，给了幼韵一个展示才华的舞台，让幼韵在睿智女性的道路上精彩演绎人生。

光泩对于幼韵的爱是深沉的，幼韵对于光泩的帮助却是持久的。

回到中国之后，已经是 1933 年的秋天了。上海在幼韵离开的这三年里并没有什么大的变化，街市依旧繁华，人烟依旧阜盛。如果说有变化，那也就是曾经慈爱的父亲已经不在，曾经的朋友或是远嫁，或是出国留学。雕栏在，朱颜尽已改，是人世间最悲情的感叹。这一次的搬家，幼韵不需要再到处跑街区找房子，找公寓，谈价钱，签合同了。因为，在上海的法租界国富门路133号，他们有了属于自己的家。严格意义上讲，这是结婚三年之后，属于幼韵和光泩的第一个家。说来真是有些不可思议，一个是外交界的青年才俊，一个是大上海的名媛闺秀，却在结婚之后三年才拥有属于自己的房子。这在民国历史上也是寥寥无几了吧。

豪宅、珠宝、名誉、地位都不是这对夫妻所渴望的，幼韵和光泩一生追求的都是生命的体验过程，而并非锦衣玉食的生活。所以对于生活的安逸舒适，幼韵和光泩都是没有太多奢求的。箪食瓢饮的日子也是一种生活的情调。

国富门路房子是一栋三层的小楼。光泩的母亲作为一家之长可以独立的拥有一个楼层，以显示光泩和幼韵的孝顺体贴。而女儿蕾孟不仅仅拥有了自己的卧室，还有一间游戏室，那里全是蕾孟的玩具和衣物。对于蕾孟来说，这里简直是天堂，因为到处都是和她一样，黄皮肤，黑眼睛、黑头发的中国人。他们都说着上海话，吴侬软语对于蕾孟来说，倒像是外语了。

光泩和幼韵也在主卧室里有了属于自己的私密空间。管家和仆人们，还有保姆多萝西都有了自己的房间，浴室和厨房都十分的宽敞明亮。幼韵终于可以随着自己的喜好和想法来装修粉饰房间。

幼韵把自己的卧室墙壁粉刷成了淡绿色螺旋浮雕图案，这种造型在当时的欧洲十分流行。女儿蕾孟的卧室贴了壁纸，图案是风车和牧羊女。餐厅是极富有现代气息的，主色调是黑色和铬黄，并且配有黑色皮质的餐椅。幼韵还亲自设计了两端带有圆形侧翼的长方形餐桌，和很多现代的餐桌设计一样，把两个半月形桌板从下面拉出来就变成了一个圆形的餐桌，可供十人同时就餐。

对于欧洲的生活来说，上海的环境简直就是天堂。有自己的房子，有自己的家，有自己的亲人和朋友，更有相知相爱的人陪在身边。那时的幼韵很贪婪地祈求生活，不要再有变化。

美好的日子还在继续。20世纪30年代的上海正处于全盛时期。晚年的严幼韵说那也是她和光泩婚姻生活中最为愉悦和放松的一段日子。因为在上海，熟悉的环境，熟悉的人，熟悉的街市，熟悉的生活。一切都是那么舒适安逸。

光泩的工作节奏也渐渐地慢了下来。不用整日周旋于各国政要之间，不必每日忧虑于中国的外交前途和命运。这些烦琐的事情都可以暂时抛在脑后。每天中午，光泩都会回家吃午饭。至今，幼韵都记得那时幼小的蕾孟不喜欢吃饭，多萝西就会在就餐时不厌其烦地重复着“嚼、嚼、咽。嚼、嚼、咽。”光泩在一旁听得哧哧地笑。

而几乎每一个晚上，光泩都会带着幼韵外出就餐。上海的大饭店、西餐厅、老字号，甚至街边的小摊，都会留下他们的身影。在吃腻了法国大餐和英国的牛肉之后，上海的生煎和馄饨变得异常美味。上海的舞厅在当时是最闻名的。上海国际饭店、百乐门都是当时名媛政要们聚集的地方。光泩的舞跳得很棒，常常是全场的焦点。

在每一个星期天，幼韵都会安排亲子活动。光泩和幼韵会带着蕾孟和多萝西去虹桥乡村俱乐部。在那里，和朋友们共进午餐，之后光泩去打高尔夫球，而幼韵可能会打几圈麻将。

刚刚结婚之后，幼韵在上海学会了打麻将。从那以后，三年过去了，这门绝技才派上用场。就连幼韵自己也没有想到，打麻将这项全民“运动”会伴随她一直到年老。并且，打麻将在后来成了幼韵一项重要的“外交手段”。并不是因为打麻将会有输赢，而是因为打麻将就像人生一样，需要在一开始的时候就做好规划，做全局的谋划，然后看着手里的牌，自己的日子，一点点地经营成心中的样子。

除此之外，让幼韵忙碌了好长一段时间的事情就是光泩妹妹杨立林的婚礼。立林当时正在苏州念书，大四毕业之际有很多事情需要做，根本无暇顾及结婚的事情。幼韵以长嫂的身份替立林操持着一切，从婚纱到酒席请柬，事事亲力亲为，甚至比她自己当年和光泩举行婚礼的时候还要尽心尽力。

1935 年 5 月 25 日，幼韵和光泩的第二个女儿雪兰出生了，这个小生命给这个幸福的家庭又增添了许多的欢乐。一切都在向最好的方向推进着。

当人生的幸福都指向一个方向的时候，人们都会感到幸福的来之不易、弥足珍贵。珍贵在于生活的平静。很多时候，人们并不希望生活中有太多的波澜和惊心动魄，反倒是平淡如水的日子让人更加舒心和惬意。因为，不是每一个人都喜欢轰轰烈烈，不是每一个人都想要叱咤风云，不是每一个人都想要风光无限。对于严幼韵来说，她更加希望过着悠闲的生活，相夫教子，其乐融融。但是事与愿违，严幼韵的生命轨迹就是半部民国史，中国的命运也和严幼韵的命运重合了很多。在家国之间的遭际里，自有一段不凡的传奇。

第五章

南国－肝肠断回忆冷

战火纷飞下的甜蜜

曾经的战火纷飞，

曾经的硝烟弥漫，

曾经的生灵涂炭，

似乎都离我们渐行渐远。

……

那是一个让无数国人不堪回首的年代。一个古老文明的民族遭受着前所未有的屈辱和蹂躏的年代。无数的烈士英豪前仆后继，浴血奋战。那是一个令所有经历过和不曾经历过的中国人都无法抹去的伤痛记忆。

1937 年，当北京郊外的第一声枪响震惊世界的时候，整个中国正在发生着悄然的改变。

这一次的改变，决定了很多人未来的命运。光泩也在这一次的战火纷飞下受到了极大的考验。不仅仅是对人性的考验，更是对忠诚的拷问。

1937年的上海，虽然一派歌舞升平，但是战争的威胁日日逼近。光泩早在这一年的春天就和当时的财政部长孔祥熙及时任驻法国大使的顾维钧去了伦敦。他们要参加英国国王乔治六世的加冕典礼。

这一次的外派欧洲，幼韵还是有些担心的，不再像之前光泩赴任时那么从容。因为时局的动荡不安带来的危险信号时刻在闪烁。国内的情形一天天地恶化，没有人知道明天会怎样，没有人知道，战争究竟什么时候开始。所以，这一次的送行，幼韵心事重重。一千个一万个不想让杨光泩离开的理由在咽喉哽塞，但是都被坚强的幼韵咽了回去。不是不能说出口，而是幼韵不想让远离的丈夫为了家事牵肠挂肚。

光泩离开之后，上海进入了炎热的夏天。不知是怎的，那一年的上海特别炎热，闷热潮湿的天气让人窒息，犹如当时的政治环境一样。

在战争爆发之前的几年里，严幼韵都会带着女儿们去青岛度假消暑。可能是儿时跟随母亲到处游历的经历深深影响了她。所以，几乎每年的夏天，当烈日炎炎的时候，幼韵都会和孩子们选择清凉的地方散心游玩。但是，这一年，青岛的街头到处都是日本兵，时局已经到了一触即发的时候了。所以，幼韵选择了去香港。在丽都湾租下一栋别墅。

就在幼韵带着孩子离开上海后不久，不幸的事情终于爆发了。

8月，日军轰炸了上海。上海的街巷一片狼藉。幼韵的许多朋友搬来香港。蒋介石夫人的嫂子、宋子文夫人张乐怡和三个年幼的女儿住在浅水湾的一栋别墅里。当年在欧洲时认识的朋友蒋士云也搬来和幼韵一起住。

虽然香港的景色宜人，朋友们也都住得很近，经常在一起聚会。但是，幼韵的内心还是有一丝的惶恐和不安。或许是和光泩在一起待久了，对政治的敏感变成了一种自觉，所以幼韵总是感到战争的逼近。

在闷热潮湿的夏天过去以后，香港的秋天并没有一丝的凉爽。反而是天阴沉灰蒙，空气潮湿。大部分的朋友们都回上海了，但是幼韵很担心上海的日本兵，所以留在了香港。

独自生活在香港的日子是无聊的，经常是整日在家中独坐，或是在窗前看街上的人影晃动。一次，幼韵看到一个有钱人家发丧，专门雇用了哭丧的人，还要用碗接着哭出的泪水。原本就阴郁的心情看到这一幕，更加地感伤、凄凉。

在漫长的等待之后，光泩并没有如约回到香港与幼韵会合。因为英国国王的加冕礼之后光泩又接到了新的工作。但是，谁也没有想到，这一次的任务完成的代价沉重。

中国赴欧洲外交使团规模相当小，光泩又是助理的干将之一，因此被委派了很多任务。国际形势也日趋紧张，事态逐渐清晰，战争的濒临让所有人都忧心忡忡。光泩还要在欧洲开展新的工作。因此，1938年的2月，幼韵带着女儿们从香港去了欧洲，与光泩团聚。

让幼韵没有想到的是，这一次的离开，到下一次的回国，整整隔了近十年。十年里，人事变迁，不堪回首。

很多时候，我们不能选择自己的人生，很多时候，我们总要等到事情发生以后才知道当初的抉择是对是错。人生是不能选择的，它是一次单程的旅行，我们只能一路向前。

光泩的新任务是驻欧洲新闻局负责人，负责中国在整个欧洲的公共事务，工作的地方就在之前离开的巴黎。

巴黎的时尚与浪漫，让幼韵暂时忘却了国内的战火纷飞和生灵涂炭，或者说这是一种逃避和不堪回首的无奈。光泩的工作却是如履薄冰。尽管这样，光泩和幼韵还是在伤痛中安抚彼此的内心。

巴黎是所有购物者的天堂。幼韵总是去和平街和圣奥诺雷路购物。如果遇上巴黎舒朗的天气，云淡风轻的下午，幼韵会带着孩子们和多萝西在街边的咖啡馆碰面，一起喝下午茶。每到这个时候，幼韵还会点上一块起司蛋糕给蕾孟和雪兰。时而，光泩也会在工作不忙的时候陪她逛街。但是，男人的天性是不爱逛街的，所以，常常是应付幼韵的各种关于购物的咨询。但是，光泩对蕾孟一直都是很有耐心的。这一点，常常会令幼韵“嫉妒”。

父女之情是这个世界上最感人的情感之一。父亲对于女儿的深爱是不需要语言来表达的。这个上辈子的小情人就是父亲心里的宝。不肯放手，也不会放手。

就在整个世界几乎都处在战争的旋涡的时候，幼韵和光泩难得有共度时光的机会。之前的日子里，幼韵和光泩总是聚少离多。这样长久的陪伴对于他们两个人来说都是十分难得的。所以，虽然对于局势的谈论已经成为日常的话题，人们对于战争的议论越来越多，日本侵华的战争威胁已经逐渐清晰，但是，光泩依然陪着幼韵逛街、做头发，陪蕾孟们出门玩。这并不是光泩不爱国，他时时关注局势动态，而在战火还没有蔓延到眼前的时候，贪恋家庭温暖也是一种对生命的热爱。

谁也不会想到，如此甜蜜幸福的家庭正在迎来战争带来的不幸。谁也不会想到，幼韵的命运将再一次转变。这一次不再是华丽的转身，而是坚定后的顽强。

很多时候，人的坚强、勇敢、乐观不是源于生命的本性，而是后天的锤炼和萃取。是苦难的岁月把人们的生活打磨得珠圆玉润。是生活的遭遇让我们变得更加坚强。而我们在经过了自身的蜕变之后，也会如蛹化蝶一样，展开美丽的翅膀，向天空高远处飞翔。

1938 年的 9 月，光泩在日内瓦负责联大会议的媒体工作。无论如何，这都是光泩每年必须参加的一次活动，必须完成的一项工作。临行前，光泩再三嘱咐幼韵，如果时局有异样，幼韵一定要带着孩子们立即赶赴日内瓦。因为，毕竟那里是公认的暂时安全的中立国。

那时的很多人，都选择到日内瓦去避难。光泩离开之前叮嘱幼韵，一旦时局危险，幼韵就要和孩子们到那里与他会合。

9 月末，德国威胁在必要的时候吞并大部分捷克斯洛伐克，法国军队也行动起来了，国际危机达到了顶点。战争开始了。光泩在日内瓦焦急地催促幼韵和孩子们赶快过去。

当时的严幼韵已经身怀六甲，带着孩子们、多萝西、仆人在巴黎的里昂车站等了一天的火车，想要从巴黎坐火车去瑞士。但是，整整站了一天的站台，也没能等来一列火车。幼韵看着站台上匆匆路过的人们，惊恐的表情挂在所有人的脸上。仿佛下一秒炮弹就会落到他们的头上似的。最后，所有的行李都被托运到了日内瓦，但是幼韵和其他人却无奈地回到了家。到家之后，幼韵才发现，早上出门的时候，匆忙之中竟然把自己的首饰盒忘在了家里。直到后来，幼韵一直都在巴黎，等待光泩的回来。

1938年的11月，深秋时节，百木凋零。光泩终于结束了在日内瓦的工作，但是却被财政部长孔祥熙请去了菲律宾。因为，当时的国内战事吃紧，政府需要大笔的军需资金。这个时候，菲律宾这个国家有很多中国的华裔富豪。光泩就是被派到那里去募集战争所需要的善款。

从这件事情的结果来看，南京国民政府的决策是正确的。因为光泩做得十分出色。也正是因为光泩做得太出色了，所以才引来了杀身之祸。这件事情也看出了一个国民政府要员身上的勇敢、坚毅和决绝。这是对忠诚的最好诠释。无须更多的语言，这就是一次壮烈的牺牲。

这一次光泩离开的时候，又错过了幼韵的分娩。孩子们的出生是每一位父亲最幸福感动的事情。可是，光泩很遗憾地错过了蕾孟的出生，现在又错过了茜恩的出生。光泩很遗憾，后来常常感慨这件事情，觉得幼韵一个人生产真是件凄凉的事情。但是，这一次对于幼韵来说，已经变得习以为常，因为她嫁给了一位出色的外交官，她清楚地知道，丈夫的事业在外面，而不是家庭。所以，幼韵从来没有半句怨言。

1938年的12月，幼韵和光泩的第三个孩子茜恩出生了。这已经不是第一次在幼韵生产的时候光泩没有陪在她身边了。光泩很喜欢给孩子们起具有双重含义的名字，这也是很多中国父母的想法，更是中华民族的一个传统文化。

“茜恩”这个名字是法国塞纳河的音译，更是为了纪念张学良拘禁蒋介石的西安事变。这两个汉字的中文意思是“西方和平”。

此时的幼韵已经没有时间再去为刚刚出生的小女儿准备新衣服了，因为战争已经打响了。1939年的1月，幼韵带着三个孩子，多萝西和德平乘车到那不勒斯，从那里登上“罗索伯爵”号。在这次漫长的海上旅行里，船只停靠了无数次岸。最终在香港，幼韵上了岸。然后和当年留在香港照顾蒋士云的吴妈一同前往了菲律宾。

几经辗转，终于一家人在菲律宾的马尼拉重聚了。光泩早已经在那里为妻子和孩子们准备好了房子。杨氏一家，这个游走在世界大都市的“联合国”大家庭，在马尼拉安家落户。但是，这一次，不再是锦衣玉食的外交使节的生活，而是带着最沉重的任务的工作行为。

位于马尼拉郊区的这栋别墅，有一个大花园掩映在高大的凤凰树下。房子十分的宽敞明亮，混凝土的柱子上缠绕着红色的九重葛藤蔓。光泩的这一次安置是想给遭逢战乱的妻子孩子一个温暖安定的家。希望幼韵和孩子们即使身处战乱，却不受惊扰。

一个公务缠身的丈夫，能对家人有如此细致周到的安排，一个一身正义的男子，会有这般铁骨柔情，是家人之幸，是爱人之幸。

很多时候，人们在回忆过往岁月的时候，都会感到岁月的沧桑。

但是，每每严幼韵回忆和光泩在一起的那十几年，每一天都是幸福快乐的。虽然也会有拌嘴或是吵架，但是夫妻之间的家长里短是在所难免的。经过岁月的沉淀之后，就连那些磕绊和嗔怪都变得很温馨，很甜蜜。夫妻之间，最智慧的相处之道就是理解和宽宥。不去计较，不去猜忌，不去审度。爱着就要理解对方，爱着就要宽宥对方。幼韵深谙此道。

战火纷飞中依然会有甜蜜的爱情……

避不开的马尼拉

马尼拉是严幼韵记忆中一个无法抹去的城市。因为在那个赤道附近的闷热城市里，埋藏着光泩和幼韵以及三个孩子的美好记忆。可以说，蕾孟、雪兰和茜恩的美好童年都留在了那里。而光泩和幼韵最后的幸福时光也留在了那里。所以，晚年的严幼韵常常会和孙辈们讲起在马尼拉生活的点点滴滴。并且，也正是在马尼拉，幼韵学会了很多受用一生的东西。

经过漫长的旅途奔波，在无数个港口停留、靠岸、再启程，幼韵和孩子们几乎是绕了半个地球，终于在 1939 年的 1 月，幼韵带着孩子们还有多萝西和德平来到了马尼拉。

当然，这一次还是坐船去的。幼韵依然晕船晕得很严重，就像是蜜月旅行时一样。”漫长的海上航行持续了整整30天。在这中间“罗索伯爵”号停靠了无数港口。从浩瀚无垠的大西洋来到了太平洋，一路漂漂荡荡，一路欣赏霞光和晨光。蕾孟三姐妹们很是喜欢这次的“旅行”，因为，如此的长途跋涉，经历不同的国家，领略不同的异国风情对于小孩子们来说都是新奇好玩的事情。

在这一路奔波中，最让幼韵高兴的是轮船停靠在了香港。经过一个多月的海上航行，终于，“罗索伯爵”号来到了香港的维多利亚港湾。那时的维多利亚港并不似现在的灯火辉煌、霓虹闪烁、高楼林立。那时的香港还仅仅是连接中国与世界的一个窗口而已。在这个曾经住了半年之久的地方，勾起了严幼韵许多往昔的回忆。依稀还记得当年在香港丽都别墅时和朋友们的欢歌笑语，那一年的盛夏，为了躲避酷暑和日本兵，幼韵选择了来香港度假避暑，此后很多年都没有回到上海。而今早已物是人非。战争给人们留下的记忆越来越不美好。原本所有人都以为这一次的日本挑衅也和之前的没什么两样，但是无论是欧洲还是亚洲，都弥漫着浓浓的火药味儿。让所有的人无法呼吸。

在香港，幼韵和孩子们住在蒋士云的家里，许久未见的两人彻夜长谈，回忆往事，讨论时局，感慨人生。谁也没有想到，之后的离别是如此的伤感，今后的命运更加扑朔迷离。几天之后，幼韵带走了吴妈，前往目的地——菲律宾。

东南亚，这片国土此前严幼韵从未来过。热带风情的海岸风光无限，当地的华人华侨依然保留着很多中国人的习俗。

初到菲律宾的马尼拉，幼韵还是很高兴的。除了可以和光泩见面之外，更多吸引她的是热带风光和光泩为她和孩子们早已经准备好的房子。和光泩结婚的近十年，有大半的光阴都是住在海外，而租房子的问题始终是由幼韵来解决。而这一次，当光泩带着幼韵来到马尼拉郊区圣梅萨布里克斯顿山路16号时，幼韵激动的泪水在眼眶里打转。

这是一栋带有花园的别墅。房间宽敞明亮，别墅的外墙壁上缠绕着红色的九重葛藤蔓，它使整栋房子显示出了十足的热带风情。高大的凤凰树下“埋藏”着一个巨大的花园。这栋房子的特别之处在于有一个与房子同宽的阳台，游廊的后面是一间宽敞又凉爽的卧室。更让幼韵惊喜的是，在蕾孟和雪兰的房间早已摆放好了四柱的粉色小床，小床的边上还有茜恩的摇篮。

幼韵和光泩结婚之后，他们住过的公寓很多，几乎多到数不清。可是马尼拉的这栋房子，是幼韵和孩子们最喜欢的。不仅仅是因为独栋别墅的关系，更是因为这里有光泩的精心准备。之前的每一次搬家，都是幼韵料理这些生活的琐事，光泩必须处理刚刚接手的工作。但是这一次光泩为妻女们准备好了一切。这让幼韵很感动，蜜月时公主般的被呵护的感觉又回来了。

任何女子的坚强都是一种“伪装”。如果可以，没有一个女子喜欢独当一面。可是有些时候，幼韵却需要独自面对生活中许多棘手的事情。

别墅中的每一处桌椅的摆放，家具的挑选，这一切都是光泩的苦心和爱意。在这所充满了爱意的别墅里，一家人幸福的时光即将开始。但谁也不会想到，命运随即又和这幸福的一家人开了一个天大的玩笑。悲情很多时候都是尾随着幸福而至。

很多时候，我们不想看到悲情的出现，因为我们都是向往幸福生活的人们，但是，更多的时候，悲情会向我们靠近，让我们措手不及，无法摆脱。

在幸福时光开始的时候，第一件糟糕的事情就发生了。刚刚到达马尼拉之后的一个晚上，幼韵陪光泩去参加了一个晚宴。回来的时候，蕾孟三姐妹早已经睡熟，幼韵轻轻地摘下首饰，放到衣橱里，吴妈锁好了衣橱的门就去陪新来的女仆了。但是，当第二天清晨幼韵醒来的时候，他看到光泩在游廊里看当天的报纸，而衣橱原本锁着的门却半掩着。幼韵意识到，一定是有小偷光顾了她的衣橱。之后在花园里发现的被砸坏的首饰盒证明了这个想法。

虽然光泩报了案，但是幼韵从上海时就开始收藏的家传的、心爱的首饰和珠宝还是杳无音信。后来在美国人的圈子里流传着这样一个故事：马尼拉警察局长把幼韵的一条钻石手链送给了菲律宾总统夫人。那么行窃的应该是警察局长的手下，分赃的人中应该有警察局长。

对于这一次的被盗，幼韵努力使自己保持平静。幼韵总是这样安慰自己，被盗的只是身外的珠宝而已，只要她家人的健康、生命不曾被盗就是最好的了。

“千金散尽还复来”的气度和胸怀是难得的。幼韵没有过分地伤心和追悔。因为对于幼韵来说，马尼拉还有很多其他的事情值得她去花心思。

光泩这一次赴任马尼拉，是肩负重任的。重庆国民政府的财政部长孔祥熙派杨光泩来到菲律宾，最主要的任务是为抗战筹款。

光泩所服务的主要是十多万的华侨。他们大多是在清朝的时候就来到菲律宾谋生，而且以福建人居多。这样一个群体通常被称为“海外华人”。他们通常都是混血儿，已经在菲律宾生活了几代，早已融入了当地的生活。但是，并没有得到当地人的尊重和彻底接纳。

在菲律宾人看来，这样一群肯吃苦、努力向上的中国人简直赚足了他们的钱。可是，菲律宾人没有想到，如果少了这些“海外华人”，菲律宾可能会更加落后，菲律宾人的生活也许会更加困苦不堪。

一个勤劳智慧的民族在世界上总是会引来不怀好意的目光，就像是生活在欧洲的犹太民族一样，总是会招致无端的敌意。

光泩的筹款任务完成得非常出色，他为重庆国民政府筹得善款1200万比索，约合600万美元。一方面得益于光泩用他的睿智帮助了许多华人，更主要的是光泩用他的一颗赤子之心、拳拳的爱国热情感染了这些虽远离祖国，却情系中华的人们。

光泩作为中国政府在菲律宾的最高官员，受到了政府的礼遇和“华人”的尊敬。他的足迹也踏遍了这个太平洋上的岛国。他的活力、冲劲和魅力很快赢得了华侨的仰慕和忠诚。

作为光泩的妻子，幼韵时刻清楚知道自己身上的责任，因此，她平生第一次涉足社会活动。这对于幼韵来说是一次挑战。虽然，之前在欧洲的时候，幼韵也参与了光泩的工作。但是那时幼韵还是以私人身份——公使夫人的身份组织聚会，参加宴会。而这一次在马尼拉，严幼韵正式站在了政治舞台上，和杨光泩一同为祖国抗日战争的胜利尽职尽责。

当历史把一个女子推到了台前，那么，这段历史一定是屈辱抑或严峻的。抗战时期的中国，水深火热，人们在欺凌和惊恐中度日。这些惨痛的事实让幼韵不能再躲在别墅里享受时光。

1939 年，严幼韵被推选为中国妇女慰劳自卫抗战将士会菲律宾分会名誉主席。这份殊荣是幼韵的幸运，更是幼韵的责任和使命。作为千万妇女中的一员，严幼韵想尽办法开拓新的渠道为祖国的抗日募集资金。这还是幼韵第一次为国家的前途命运奔波忙碌。很多时候，我们认为民国的名媛都是只知道自己的爱恨情长，对于国家，对政治是默然的。但是从严幼韵的身上，我们看到的是为国家效力的名媛形象。

时隔十年，我们再一次看见了一个忙碌的身影。这一次不是为了婚礼，而是为了国家大事。幼韵组织当地的华人华侨妇女，做纸花，准备在复活节的时候义卖，并首次带领会员深入工厂、商店、街道等地劝人募捐。在 1940 年到 1941 年短短一年的时间里，幼韵所带领的菲律宾分会为重庆国民政府募捐的钱款就是以往总和的十倍。不仅如此，严幼韵还和朋友们制作了一百万个医疗包，并且为前线抗日的士兵们的冬衣和药品额外募集了 23000 比索。

忙碌中的幼韵常常感到欣慰和满足，仿佛这样的忙碌不会成为压力，反而会让她能有成就感。因为，此前的生活仅限于家庭，这一次的经历让幼韵有幸接触到更加广阔的天地。她适应着与人沟通，安排事务，运筹帷幄。这些都是一个家庭主妇抑或名门闺秀不曾考虑过的事情。

所谓名媛，普通人为名媛的定义就是出生在地位显赫的家族，生长在锦衣玉食的侯门，接触到的是上流社会的精英，生活在玻璃的世界——干净、纯粹、晶莹、剔透。名媛一定都是华服在身，香水高跟，优雅地流连酒会上。可是，严幼韵这位大上海的最后一位名媛，终于挣脱了这样的框框，让我们看到了一个奔走在国家命运的生命线上，呼唤人们为国家效力的新女性。

和其他的民国名媛相比，幼韵的经历更加厚重，更加多元，也更加光鲜。幼韵所做的一切努力，都在告诉世人，名媛并不是仅仅懂得花前月下，吟诗作对，购物品咖啡，也可以能够救死扶伤，大义凛然，心怀天下。

有一种沉重的选择，留下

当面对死亡的时候，每一个人会有不同的表现。或是萎靡，或是疯癫，或是平静，或是欣然前往。而杨光泩一定属于最后面那一种。视死如归的精神在人们看来很多时候都只是出现在教科书或是战争题材的影视作品里。但是，杨光泩的选择让人们很惊诧。惊讶于这样一位前途无量的国民政府要员怎会这样毅然决然地选择牺牲，这样一位家庭幸福、妻女承欢的人怎会忍心舍得抛下一切，为革命献身?

爱国情怀有很多种表现的形式，而杨光泩选择了最最壮烈的一种。当危险和责任并存的时候，杨光泩选择了责无旁贷。此时的严幼韵，就默默地站在他的身后，做他最坚强有力的后盾。无论何时何地，严幼韵都没有追悔过这一次的选择。这选择虽然沉重，但是无怨无悔，这选择虽然惨痛，但是依然前行。

幸福总是太短暂，让人在它消逝的刹那才会感到幸福的存在。

在马尼拉最初的两年里，虽然国内频频传来战争的各种消息。但是远在赤道附近的马尼拉海湾还是如往常一样平静。人们还是可以尽情享受蓝天白云，沙滩海浪。

光泩虽是公务缠身，但是，在闲暇的时候还是会陪伴孩子们玩耍。这就是幼韵最开心的时刻。因为战争在大人那里永远是惊恐和杀戮，但是在孩子的眼中，世界依然没有任何变化。只有和孩子们在一起的时候，才会暂时摆脱现实的困扰。

蕾孟到了上中学的年纪，早晨她会到易三仓教会女子学校，下午去一家中国学校圣·史蒂芬读书。光泩和幼韵都认为，无论身处哪一个国家，孩子们接触的是何种文化，中国学校是必须读的。这不仅仅是知识的学习，更是文化命脉的传承。中华民族的血脉相承是每一位华夏儿女的责任。所以，虽然在欧洲出生，一生的绝大部分时间都生长在国外的杨蕾孟，身上一直流淌着中华民族的血脉。永远的旗袍，永远的中式发饰，这就是蕾孟对于祖国最大的爱意。

雪兰在精英小学读幼稚园。每日的清晨，一家人都会坐在一起吃早餐。这是一家人最温馨的时刻。光浩会利用早餐的时间给孩子们讲刚刚看过的电影。此时的蕾孟和雪兰会听得很认真，有一些时候，电影的故事太过冗长，这样的深情讲述会一直蔓延到乘车去市区的半个小时里。光浩中文讲师的身份是孩子们小的时候最好的汉语启蒙。正是受到了父亲的深深教诲，所以，即便生活在海外，即便一直都处于英语的国家，但是幼韵和光浩的孩子们都能够说一口流利的汉语。

这些美好的回忆在雪兰幼小的童年留下了深刻记忆。这也许是父亲能够给她留下的最温馨的片段。

每天光浩都会先送孩子们去学校然后再去上班。小小的雪兰对于去幼稚园这一件事情常常表现得很不情愿。这也许是许多小孩子都会有的表现。所以，雪兰要求光浩一定要留在教室里陪她。高大的光浩要像刺猬一样蜷缩在小朋友的椅子上，趁着雪兰不注意的时候迅速地溜走。虽然在雪兰刚开始去学校的时候，父女两人每天都要上演这样的戏码，但是光浩却乐此不疲。

孩子的每一次成长都需要父母的陪伴。光浩深深知道这一点，所以极尽所能地为孩子们营造一个温馨舒适的成长氛围。很多时候，父母能够留给孩子的就是最美好的回忆。当孩子长大，当父母老去，回忆中的点点滴滴就会渐渐涌现。

正是在光浩和幼韵一点一滴的教育下，雪兰有了很大的进步。不仅适应了学校的生活，而且还在那一年的学校演出中成了小明星。那是一场话剧演出，故事是重现了佛兰德斯战役，最后以一个绚烂的烟花闭幕。年仅四岁的雪兰扮演“希望”。要在一个纸球里蹲将近两个小时，在快要闭幕的时候，伴随着烟花突然跳出来。小小年纪的雪兰当时是怎么做到的，至今幼韵都觉得不可思议。

快乐的马尼拉，幸福的生活在持续。可是，这快乐和幸福是弥足珍贵的。此后所发生的一切使所有的人陷入了惊恐。

1941 年 12 月 8 日，那天是星期一。早餐的时候，蕾孟因为一个宗教节日而放假从学校回到了家中，幼韵正在卧室里梳头发，吴妈在准备早餐，雪兰正在选择穿哪一件衣服去上学。正在这个时候，光泩从外面冲了进来，宣布了一个可怕的消息："日本人轰炸了珍珠港！这意味着日本向美国宣战了！"

这个惊人的消息让刚才还是舒缓的气氛顿时紧张起来。人们时时担心的战争之火最终还是烧到了太平洋上，很快也会烧到菲律宾来，点燃整个马尼拉！

事情像所有人预料的那样，第二天，日军轰炸了马尼拉。清晨，所有人被一声声爆炸声惊醒，马尼拉市中心的商业区顿时硝烟四起。

危机真的到来了，炸弹就在附近的城区一个接着一个地炸开。光泩十分沉着镇定地做好一切的销毁工作。幼韵到银行去把所有的存款变现，并且买了很多罐头之类的食物和必备的药品。事实证明，这些东西在将来的日子里派上了大用场。

在战争爆发之后，幼韵和光泩都尽量保持情绪平静，虽然他们都知道接下来可能会发生些什么不可预料的事情。

日军的残暴和血腥很快地浸染了整座马尼拉。一直处在战争边缘的幼韵和光泩开始迅速地为应战做着各种准备。他们理智、默契、相互支持，相互提醒。并没有让孩子们感到有灾难发生，但是，幼韵和光泩都有一种“在劫难逃”的感觉。

深夜，幼韵和光泩相依偎着。这是对彼此最好的安慰。因为无论未来会发生什么，最重要的是一家人要永远在一起。

1941 年 12 月 24 日，这是西方的平安日。也正是在这一天，享有“东方明珠”美誉的美丽马尼拉宣布成为“开放城市”。这是对日军的最好妥协。菲律宾政府希望通过这样一种举动表达最大的“善意”。但是日军的轰炸并没有因此停止。

麦克阿瑟将军准备撤离马尼拉，并且邀请杨光泩带着家人一同离开。如果当年的光泩选择离开，那么幼韵的命运将会被改写，历史可能也会发生转折。但是，光泩严肃地拒绝了麦克阿瑟将军的邀请。因为，在杨光泩看来，此时的菲律宾华侨比任何时候都需要光泩以及中国政府的庇护。

有一种沉重的选择，叫作留下。不需要太多的理由，只因为他是中国人。杨光泩用实际行动向整个世界宣布：中国不会妥协。

这是一种怎样的舍生取义，这是怎样的一种爱国情怀，这是怎样的一种职业操守。一句简单的答复，是一次沉重的拒绝。拒绝安逸的生活，拒绝善意的帮助，更加拒绝的是承受耻辱和悔恨的一生。杨光泩做到了。

1942 年 1 月 2 日，日军进入马尼拉。形势变得异常严峻。噩梦也随之来临。为了防止落入敌军之手，美军在撤退前炸掉了大片的汽油库，浓烟滚滚，遮天蔽日。马尼拉顿时变成了人间地狱。

1942 年 1 月 4 日，在马尼拉宾馆用早餐的杨光泩一家人，迎来了一群不速之客。一群日本兵很有礼貌地“邀请”杨光泩去宪兵队问话。光泩像是知道这一切一样，迅速镇静地拿了一些衣物跟随日本兵离开了。和光泩一同被捕的还有另外的七名领事官员。

这一次的被捕，严幼韵是早有心理准备的。因为在杨光泩选择留下的那一刻，幼韵就清楚知道他将来可能面临的灾难。所以，幼韵并没有发疯地去阻拦日本士兵的抓捕。而是依然优雅地站在那里，看着日本兵把光泩带走。心中纵使有刀割般疼痛，此时幼韵依然坚强地面对眼前发生的一切。这就是一个女子的坚强。

在此之前，就在珍珠港被炸之后，杨光泩就销毁了一切重要的文件和信息。包括曾经向中国政府提供捐款的中国在菲律宾华侨名单，以及刚刚印刷好的一船中国法币。

所以在日军对于杨光泩的几个月的关押和囚禁时，日军没有得到丝毫他们想要获取的东西，半个字也没有。

在光泩最开始被关押的一段时间，幼韵还可以带着孩子们去看望他，送些干净的衣物和食物。但是，之后的很长一段时间里，光泩神秘消失了，幼韵急切地打听着一切和光泩或是中国领事有关的消息，但是结果都是:“不清楚”或是“不知道”。

幼韵最担心的事情发生了。光泩生死未卜，下落不明。怀着最渺茫的希望和最热切的期盼，幼韵带着孩子们在马尼拉煎熬着。几乎中断了一切和外面的消息。马尼拉变成了一座孤岛。

对于父亲被捕的这段经历，长大后的雪兰回忆，在最后一次探望父亲的时候，父亲抱着她，跟她说让她快快长大，照顾好妈妈。当时年幼的雪兰不想听到这样的“嘱托”，难过地挣开父亲的手臂，跑回了母亲的身边。父亲当时很难过。雪兰似乎感到父亲知道要有事发生。

多年以后，雪兰对于那段回忆很是懊悔，当时真的不该挣脱父亲的手。

无耻的日本法西斯置《日内瓦公约》于不顾。残忍地杀害了光泩等中国领事官员。并对这一无耻的行径避而不宣。

幼韵怀着最美好的愿望——光泩依然活着，坚守在马尼拉长达四年之久。在这四年里，无数个不眠之夜里，幼韵回忆着和光泩一同走过的岁月，上海大华饭店的盛世婚礼，甜蜜的欧洲蜜月之旅，蕾孟的降生，巴黎的度假，上海的家园……更多的时候幼韵不敢触碰这些甜蜜的回忆，因为回忆起这些事情的时候，常常是嘴角扬起笑容，眼角却挂着眼泪。

但是无论如何，有更多的人等着幼韵去照顾，有更多的事情等待着幼韵去处理。悲伤的幼韵收起伤痛，勇敢地面对生活中一波又一波的挑战。

选择是痛苦的、残酷的。我们无法预料选择之后的结果，所以当我们做出慎重选择的时候，就必须对这个决定负责。杨光泩为他选择留下而付出了生命的代价。严幼韵也为她选择陪在光泩身边而付出了一生的代价。可是，无论是光泩还是幼韵，都是欣然选择的。不后悔，不退缩。因为这是爱的证明，这是责任，这是道义。

离别，来不及说再见

“多情自古伤离别”的感伤和痛楚是人间最无情的一种体验。

“今宵酒醒何处，杨柳岸晓风残月。”这是一种怎样的悲情。当年的柳永和心爱的人分别的时候，还可以“执手相看泪眼”，还可以互诉衷肠，还能够有再见面的机会，但是即便是这样的离别也让柳郎痛心不已，更何况是生死之别。

光泩的离开是那么地简单，那么地仓促。离别得太残忍，太无情。一切仿佛戛然而止，没有给这对恋人太多回味的空间和时间。

战争笼罩下的马尼拉，马尼拉的日本兵变得越来越多，局势也变得也来越紧张。幼韵经常从噩梦中惊醒，梦中看到的是满身是血的光泩。

光泩的突然离开，让幼韵一度陷入了无助与恐慌。整日生活在惊惧里，耳边炮弹的声音接连不断如洪水猛兽般灌入耳骨。街道上到处都是日本兵。虽面容静默，但却极其肃杀。严幼韵在四处打探光泩的任何信息。但是光泩就像是幻影一般时而“出现”，时而“消失”。

这样的“寻找”，严幼韵一直坚持到战争胜利之前。

记得有一次，严幼韵带着三个孩子去见了日本高级将领——本间将军。那一次的会面幼韵怀揣着极大的希望。因为听说日本人十分喜欢小孩子。所以，幼韵带着蕾孟姐妹们同去。孩子们也希望通过自己的努力能够帮助妈妈得到爸爸的一点儿消息。可是，结果依然是没有获得任何有价值的信息。本间将军很有礼貌地接待了这位中国来访者。对于眼前这位憔悴无助的母亲和三个幼小的孩子，本间将军还是没有透露半点关于杨光泩的消息。尽管当时他已经知道这位勇毅的中国领事官员已经被他们秘密处死。

这就是战争的残酷与血腥，让一些带有肉体的灵魂变得冷酷和麻木。在战争结束以后，本间受到了应有的惩罚，被国际军事法庭处决。到任何时候，为了某种私欲而无端挑起战争的人都会被历史唾弃。永远不会被其他人原谅！

很多年以后，严幼韵才收到了一份杨光泩被捕后情况的详细叙述。在光泩最开始被捕的时候，一直被关押在瑞士领事馆，日本驻菲律宾领事木原次太郎在那里正等着从光泩的嘴里挖出为重庆国民政府募捐的款项。当时穷凶极恶的日本人告诉杨光泩，中国领事官员是无法享受《日内瓦公约》所规定的外交豁免权的。因为日本政府不会承认国民党政权。那时的南京，他们已经扶植了汪精卫建立的伪国民政府，控制了傀儡政权。

民族的仇恨是在血液里世代相传的。日本帝国主义对中国的侵略行为是无法抹去的。

就在光泩被关押的最初几个星期里，幼韵和孩子们度过了最初的恐慌和迷惘之后，开始考虑安顿现在无序杂乱的生活。幼韵和女儿们从马尼拉宾馆回家之后，发现自己的房子已经被日军占领查封。而附近的美国居民也遭遇了查封房产。幼韵情急之下，和仆人们搬到了马路对面的老房子——布里克斯顿山路 15 号。

接下来的几个星期里，幼韵那些跟随她多年的仆人们，陆续从被查封的房子里偷偷地搬出他们所需要的一切东西。最开始的时候，只是搬出来一些食物和衣物，后来又搬出了必备的药品和实用的家具，最后，仆人们竟然把图书室里的一架钢琴也搬了出来。

在苦难岁月里，正是这架钢琴陪伴着幼韵和其他人度过艰难的岁月。在日子渐渐平静之后，后来入住的邵秀兰、萧太太和她八岁的女儿芦生试着弹钢琴曲《春之絮语》和《少女的祈祷》。这样华丽的曲子和当时紧张的气氛形成了鲜明的对比。在日日惊恐、夜夜担忧的时候，这样的钢琴曲或许可以带着人们暂时逃离现实，回到从前的温馨岁月里。

在困守马尼拉的日子里，除了孩子们，严幼韵没有一位亲人。正是这些热心、忠诚、友爱的仆人们成了她最好的陪伴。无数个艰难的日子，正是有了这些虽是仆人，但是已经成了患难与共的“生死之交”的朋友们的陪伴，严幼韵才能在失去丈夫之后坚毅勇敢的支撑着生活的重压。

在光泩被捕的几个月之后，也就是 1941 年 3 月 18 日，杨光泩和其他的领事官员被押送到位于古代王城圣地亚哥城堡的地牢里。在此之前杨光泩和其他人都受到了人道待遇。但是当日本人得知杨光泩在菲律宾为重庆国民政府募集的善款已经汇到中国，并且载有中国法币的货船已经烧毁之后，日本宪兵司令太田将军失去了最后的“耐心”，暴露了阴险残暴的本质。所以，在1941年4月17日，杨光泩等八人被押往中国义地秘密枪决，并就地掩埋。

没有知道日本宪兵队为何要选择在中国义地枪决杨光泩等八名烈士。但是，青山有幸埋忠骨，对于牺牲的烈士来说，也许是最好的安慰。当烈士的鲜血染红晚霞的余晖时，他们的妻女正在等待着他们回家。离别，就是这样匆匆，来不及说声再见，来不及说声珍重，来不及在生命的最后时刻相拥相泣。一切都在继续着，时光的过客不会为任何一次伤痛停下脚步，所有的记忆都将深埋心底。重温的时刻泪水盈盈。

1941年5月24日，日本占领军总司令通告了对于九人的处决，但从未提及过杀害领事官员一事。

1947年9月，在联合国工作还不到一年的严幼韵不得不提前休探亲假，因为，幼韵要带着蕾孟去南京参加光泩和其他领事官员的国葬。光泩和其他领事官员的遗骸由莫太太在马尼拉发掘、辨认。护送烈士忠骨前往机场的马路两边，向他们致敬的菲律宾人和华侨组成的长队绵延了三公里。

外交部承诺为牺牲的领事官员修建单独的墓地。现在的墓地成为公园的一部分，被称为九烈士墓。光泩的下属、中国驻婆罗洲山顶跟领事牟卓来也和他们葬在一起。

光泩就这样离开了幼韵，离开了女儿们，离开了人世。之后妻女命运和幸福他都无能为力。即将行刑的光泩当年在想什么呢？是妻子的安危，儿女的幸福，远在上海家人的情况。但无论如何，他的内心一定有万般嘱托但都无法倾诉。

幸好，离开光泩的日子，虽然艰苦，但是幼韵和其他人还算安好。如果光泩泉下有知，也会心安。

多少年后大女儿杨蕾孟回忆那段困守马尼拉的日子，感慨万千。蕾孟说母亲从来不把焦虑写在脸上。在她的记忆里，那段日子挺快乐的，因为没有多萝西的严格管教。因为多萝西在日本兵占领马尼拉后不久就因为是英国人而被捕关押。失去了严厉的管教，同时又没有学校的学业压力，日子反而过得很快活。蕾孟说她和妹妹们的衣服都是母亲亲手缝制的。母亲的手里经常有很多好看的布料。家里的阳台上还有一台缝纫机。每天清晨，大杂院式的生活便开始了。母亲是这个“大杂院”的管家兼账房。因为战争罹难，所有人的身上都没什么钱，幼韵也不好意思向其他的领事太太们伸手要钱。所以，瘦弱的母亲一个人独撑着这个“大家庭”。

虽然有邻里的争吵，孩子们的拌嘴。但是更多的时候，还是大人们在午后闲暇的时光里，会在游廊里打桥牌，而小孩子们到处玩耍。马尼拉的夏天极度炎热、潮湿的天气十分不有利于健康。孩子们的每一处划伤或者擦伤都有可能会感染，甚至生病。在那个动乱的年代，生病是很可怕的事情。因为那就意味着要到市区去就医，而市区到处都是日本兵。遇到可怕的日本兵要比生病可怕得多。

所以，每天严幼韵都会在卧室的一处角落开设临时诊所，总会有两三个孩子等着她用双氧水和红药水处理伤口。

在那段岁月里，幼韵突然变得无所不能。会养猪种菜，会看病做衣服，会处理邻里间的矛盾争执。可是严幼韵的内心却很害怕、很孤独。但是幼韵在外人看来还是中国领事官员太太们的主心骨。

一切都似乎平静地推演着。可是白天坚强能干的严幼韵只有到了晚上，才卸下坚强的武装，回归到一个失去丈夫的女子的失落与无助。蜷缩在床上的严幼韵每每听到有卡车驶过家门，或是有日本兵踩踏石板的声音都会十分害怕，即便幼韵心里清楚这些日本兵并不是来逮捕她的。白天果敢勇毅的严幼韵只有在夜晚才会放下包袱，做暂时的释放。等到东方泛白，黎明降临，她就又将开始新的战斗。

即便是在那些战时马尼拉的日子里，幼韵的脸上还是时常挂着笑容。因为，事情还有可能更糟。这是严幼韵经常挂在嘴边的一句话。

战争就这样突如其来了，如洪水猛兽一般吞噬着整个城市。幼韵此时最需要的是光泩的陪伴和照顾。但是光泩却不见了。勇敢坚强的幼韵没有害怕，没有退缩，没有消沉。而是睿智、冷静、乐观的前行，等待着光泩的回来，等待着幸福的再次降临，等待着、等待着……

第六章

远方－－路风波一路坎坷

欲将心事诉何人

孤独的岁月里最希望有人能够陪伴；

艰难的岁月里最渴望有人能够帮扶；

苦难的岁月里最期望有人能够宽慰。

真实的生活，真实的战争，真实的马尼拉！

严幼韵在最艰难的日子里扎实的活好每一天。只要今天没有仆人吵架，没有邻居拌嘴，没有孩子受伤，没有亲友被战争夺去生命，这就是最大的幸福和快乐！在整日都会听到附近有榴弹的爆炸声响起；在整夜都会感到无助和孤独在侵扰，严幼韵告诉给世人的是她的坚强和乐观！

可是，如果可以软弱，谁又愿意坚强？在光泩消失的岁月里，严幼韵只能做一个坚强的女子，支撑起中国领事官员家属这个大家庭；严幼韵只能做一个乐观的妈妈，每一餐饭尽量为长身体的孩子们加一点肉或是鸡蛋。这些无法想象的困守马尼拉的日子里，欲将心事诉何人呢？答案是：自己。

1945 年 2 月 3 日，美军进入马尼拉。美军的这一次归来，让人们不禁想到三年前美军的撤退。在太平洋战争爆发之后，日本偷袭了珍珠港，菲律宾很快失守。驻扎在马尼拉的美军在决定撤退之后，烧掉了所有留在马尼拉的汽油库。那时的马尼拉，顿时火光连天，到处充斥着刺鼻的气味。这一次，美军在攻克马尼拉的时候同样伤亡惨重。但是，在 1945 年的春天，菲律宾的人民还是迎来了胜利的欢呼。

只有亲历战争的人们才能感受胜利降临时的喜悦，只有亲历战争的人们才能体会到身陷战争的不幸，只有亲历战争的严幼韵才能为我们诠释什么叫作无畏者从容。

在长达一个月之久的美日战事中，马尼拉遭到了严重的破坏，这种破坏的程度比德国空军对伦敦的轰炸所造成的破坏程度更加严重。在整个战事中，美军共有 1010 人阵亡，5565 人受伤。为了不让战争伤及菲律宾的平民，麦克阿瑟将军下令禁止空袭。所以，在那一个月的殊死搏斗中，场面是极其惨烈的。1945 年 2 月，那些烧毁的房屋和桥梁，证明着美军的胜利，也证明了麦克阿瑟将军胜利重返的壮丽诺言。

在美军和日军经过惨烈的决斗，甚至是徒手搏斗之后，马尼拉解放了。日军沮丧地撤离了。严幼韵和孩子们终于感到了安全。在将近三年的恐惧生活结束的时候，严幼韵已经消瘦了很多。每次在看到日本兵或者军车经过时严幼韵的心都提到了喉咙。极度的焦虑使严幼韵瘦回了少女时代。

在过去的三年里，除了挨饿和恐惧之外，再没有失去一个亲人和朋友。但惊心动魄的情形还是发生过。就在战争即将结束的前几个月里，躺在卧室睡觉的幼韵，几乎被一些榴弹的弹片击中。幸好那些弹片只是从她的头上飞过，击中了对面的墙壁。

晚年的幼韵回顾那段困守马尼拉的岁月，时常感到自己的勇毅和果敢。那时的严幼韵还不到三十岁。尽管自己的丈夫生死未卜，尽管幼韵日夜为孩子们忧心操劳，尽管不知道外面的世界究竟如何，尽管未来一片迷茫，但是严幼韵还是依然勇往直前。

有人说能够幸运地躲过战争灾难的人都是上天眷顾的宠儿。这句话可能有些夸张，但是对于亲历战争的严幼韵来说能够活下来真得感激上苍。因为在战争中唯一遇难的朋友、她的男仆佩德罗是最好的证明。佩德罗因为要留下来陪伴自己的老母亲而没有随严幼韵他们转移到更安全的地方——医院。一天，他站在自家的大门口，榴霰弹击中了他的腹部，导致失血过多而丧命。

这就是个体生命在战争面前表现得无比脆弱的最好证明。任你是何种身份、何种地位的人也无法摆脱战争的迫害和掠夺。还好，严幼韵的孩子们在经历了战争之后还都健康快乐地活着；还好，严幼韵的朋友们还都能彼此见面，告诉大家我们都很好；还好，一切都将结束了，不再有惊恐的夜晚听士兵皮靴磨地的声音，不再有突然“造访”的日本兵临时检查，不再有炮弹在房子附近爆炸的声音，不再有可怕的嘶吼和呻吟。

在战争结束后，严幼韵去看望了一直被关在圣托马斯大学的多萝西。而那一场景让所有的人都惊呆了。日本人报复性地把粗碎谷物和大米的配给标准设定得低于最低的生存水平，并且禁止任何外来的食物送入。多萝西的丈夫杰克，一个身高一米八的男人仅剩下80磅。而多萝西和她的两个儿子瘦骨嶙峋，两眼凹陷。真是难以想象，人的精神是多么强大，在这样的境遇里竟然活了下来。求生的欲望和本能永远是人类最惊人的“天赋”。

如果时光逆流，回到战争开始之前，谁又能想到，那位生活在豪华宅院里的贵妇人严幼韵会种菜，养鸡鸭，喂猪，做肥皂，做酱油，做衣服和鞋子。没有了汽车，坐马车，没有了马车就徒步。没有了电灯，就点蜡烛，没有自来水，就只能挑水。在整个生活倒退到19世纪一个乡下村妇的生活之后，严幼韵依然能够笑对人生。

丈夫“消失”了，外交官的太太们自然地聚拢到严幼韵那里，一切都变得艰难起来。原有的房子被查封，物资被全部没收。搬到老房子之后，人口越来越多，矛盾此起彼伏，争吵喋喋不休。其间还伴有“礼貌”的日本士兵不定期的“光临”“慰问”。严幼韵瞬间从一个享受生活的贵妇人变成了维系这个“大杂院”的总管家。她带领着女眷们将草坪开垦成为菜园，为摔伤的孩子们包扎伤口。

一瞬间，幼韵变得很多才多艺，变得无所不能。此时，我们不禁想起严幼韵年少时的一句话：“只要嫁给心仪之人，我愿意出去工作养家。”这句话在当时幼韵的母亲听来，只不过是一句黄毛丫头的轻狂之言。因为出身名门的复旦校花，从小就有成群的仆人伺候的严幼韵是如此的娇贵。但是，只要是为了心爱的人，任千难万险也不法阻挡幼韵的脚步。光泩和其他的领事官员“消失”了，作为光泩的夫人，就有责任和义务照顾其他人。严幼韵深深地知道，这一定是光泩最后留给自己的任务。所以，她责无旁贷，义无反顾。

晚年的杨雪兰，严幼韵的二女儿说过，她们是很多年之后才知道自己的母亲在当年的上海是怎样的出名。因为，在她们的眼里和心中，母亲一直是坚强的模样。已经111岁的严幼韵，依然每天身穿华丽的旗袍，脚穿细脚伶仃的高跟鞋，涂着红唇，洒着香水，之后才能优雅地出门。很难想象，这位百岁老人在经历了人生最艰苦、最灰暗、最惊恐的日子以后，还能如此精致乐观地生活着。

杨光泩的去世，无疑是严幼韵一生中最惨痛的灾难。但是，在晚年严幼韵口述的自传中，似乎找不到太多的细节和回忆。这位百岁老人似乎在有意地回避那段最不堪回首的岁月，不再回忆痛苦的过去，刻意地摒弃糟糕的历史岁月。这是严幼韵身上最可贵的精神。

对于严幼韵来说，杨光泩是她一生中最华丽的篇章。从少女时代对爱情的憧憬，到少妇时代国际舞台上的变幻多姿，这些光鲜的身份和令人艳羡的经历是杨光泩送给严幼韵一生最好的礼物。而最大的财富是与杨光泩结识、相爱、结婚、生子。这一连串的经历几乎涵盖了一个女子一生中全部重要的事件。光泩带给幼韵的不仅仅是一个家庭，一个外交夫人的标签，更是一份浓情厚爱，一份柔肠，一份痴情，一份担当。

光泩的“离去”固然使严幼韵在精神和情感上遭到了重创，但同时又给严幼韵展开另一种人生的机会。试想，如果杨光泩没有牺牲，在他的庇护下，严幼韵可能永远都是杨光泩背后站着的彬彬有礼的杨太太，永远都是那个不知人间疾苦的贵妇人、大小姐。

当命运考验所有人的时候，不是每一个人都能承受住命运的勘验。最后只有那些内心坚强的人才能笑傲于江湖。严幼韵就是这样一个女子。今天的人们在回望那段历史的时候，看到的只是用文字描述的悲惨和伤痛。我们是无法复制甚至是切身感受那段刻骨铭心的岁月是怎样的惊心动魄。一个柔弱的女子，一个从未经历风雨和苦难的女子，一个生长在上海贵族家庭里女子，是用怎样的精神熬过了那段不堪回首的岁月。我们不得而知，但是，我们能够深深体会到的就是严幼韵的乐观和坚强。

不向苦难低头，不向命运屈服。敢于承担生命中出现的一切厄运，敢于面对鲜血淋漓的人生，这是怎样的一种豪情？

现实的生活，点滴的深刻

如果光泩还在，当度过了战争的灾祸之后，一家人围在一起是一种怎样的劫后余生的幸福。可是，光泩直到战争结束的时候依然音信全无。这是一种不好的预兆，严幼韵在心里不时地打转。希望每一次的开门，走进来的都是光泩，可是每一次都是失望地低下了头。

再一次搬回布里克斯顿山路16号时，已经是马尼拉彻底回到美军手中的1945年了。在过去的三年里，幼韵和孩子们还有其他的朋友们一直苦苦遥望着这栋装载美好回忆的别墅。当再一次以主人的身份回到家园时，热泪盈满了眼眶。

三年的战火纷飞，三年的颠沛流离，三年的艰难度日，让再一次的回归显得有些生疏和笨拙。看着曾经和光泩一同漫步的花园；看着曾经一家人共进早餐的餐桌；看着清晨起床光泩总是在游廊里读报纸的背影，幼韵的内心有无法倾诉的悲伤。

但是，还好，一切不如意的往事连同日军的最后撤离一同消逝了。那些美好温馨的回忆将永远驻留在每一个人的心间。幼韵的大女儿杨蕾孟曾经回忆说："父亲的牺牲实在是太可怕了。他如此才华横溢，如此关心他人，如此受人爱戴。从来没有人告诉我们这些孩子们父亲离世的消息，我是逐渐才意识到的，以致从未为他痛哭一场。但我现在依然经常想起他，还会因为想起他和我们这些孩子一起做的'傻事'而浮现出笑容。"

是啊，没有真正的离别，没有为此痛哭一场。但是，离别就在眼前。

对于严幼韵来说，美军的胜利，光泩依然"消失"，这些都无疑证明了最坏的结果——光泩已经牺牲了。幼韵把悲伤埋在了心底，带领着大家继续生活。"亲戚或余悲，他人亦已歌"，当面对生离死别的时候严幼韵表现出了异乎寻常的淡定自若因为还有生活需要坚守。

美军进驻了马尼拉，把食物分发给附近的家庭，孩子们又一次尝到了斯帕姆午餐肉的味道，还有焗马铃薯和黄油。这是战时最令孩子们回忆的美味。生活的气氛变得稍微有些轻松了。因为，一些晚上美国士兵还会在网球场上竖起大屏幕，播放电影。

日子在一天天地恢复到战争开始之前的平静和舒适，但是幼韵考虑的事情变得更多。此时的上海，依然有日本的军队，国内还没有完全地摆脱战争的困扰。对于流亡海外的孤儿寡母来说，前往美国是最好的选择。恰好在这个时候，麦克阿瑟将军的夫人来到严幼韵的家中，陪同她的还有威廉·端纳——张学良和蒋介石非常倚重的澳大利亚籍顾问。在经过长谈之后，麦克阿瑟将军的夫人——简，答应为她们申请前往美国的相关事宜。

这个消息对于困苦无助的严幼韵来说简直是天大的喜事。自己和孩子们终于有了一个比较清晰的未来。在之后前往美国的过程中，严幼韵深深地感受到了来自麦克阿瑟将军和端纳顾问的关心和照顾。而对于这些周到细致的安排，应该都是源于当时美军已经得知光泩及其他领事官员遇难的消息。而严幼韵却完全不知情。

同时，前往美国对孤儿寡母来说也是一个极大的挑战。没有亲友的照顾，没有可以落脚的地方，甚至严幼韵都不找到了美国之后要在哪里入住。可是坚强勇敢的严幼韵还是决定去美利坚的国土上打拼一番。或许是多年的海外生活让严幼韵感知到了美洲大陆的繁荣，这也许是在光泩离开之后，严幼韵能够给孩子们最好的未来。因为，当时的中国还没有结束战争的摧残，幼韵饱受战争之苦的内心再也没有一点力气去面对满目疮痍的土地和胆战心惊的日夜。

所以前往美国，是最好的选择。

1945年4月12日，在美军解放了马尼拉短短两个月之后，严幼韵就和孩子们登上了“埃伯利海军上将”号。船票是免费的，更是由于麦克阿瑟将军的帮助，她和孩子们还有端纳先生的秘书安塞·李都受到了特别礼遇——享用特等舱。而和她们一同登船的还有多萝西和她的孩子们。但是，她们只能挤在二十一人乘坐的船舱。更多的撤离者都是像多萝西一样，拥挤在条件极差的船舱。她们撤离马尼拉的那一天，刚好是美国总统罗斯福去世的那一天。

途中并没有想象的那样顺利。除了随时要受到日本舰艇偷袭的威胁之外，还遭遇了严重的风暴。由于船上没有装载较重的货物，导致了它几乎倾覆。严幼韵和孩子们在船舱里看着行李从一个墙角飞到另一个墙角，再迅速地飞回来。

这样的情形，让严幼韵想到了刚刚经历的战火。这样担惊受怕的日子何时能是个了结？严幼韵打起精神，打算迎接接下来的厄运。

或许上天也觉得应该对这个女子施以援手。所以落地美国之后，严幼韵的生活渐渐地好了起来。多年以后，严幼韵谈到当年做的前往美国的这个决定，依然认为是十分正确的。虽然在当时看来，这是又一次的背井离乡，漂泊海外，并且这一次的离开没有了光泩的一路陪伴和照顾。但是，从后来发生的事情来看，这是最好的安排。当时和严幼韵做了同样决定的还有莫太太、萧太太以及邵秀兰。姚太太则决定回到中国去。

无论怎样的安排，都需要有一个坚强的心志，能够独自面对未来的风霜雨雪。

5 月 4 日，在结束了糟糕的海上航行之后，严幼韵和孩子们到达了加利福尼亚圣佩德罗，并且受到了皇室般的礼遇。再次来到美国，让严幼韵不禁想起初到美国时的场景。美国是杨光泩为严幼韵安排的蜜月之旅的第一站。十几年前，还是甜蜜夫妇的两个人，如今再次到来，却只剩下严幼韵一个人。当然，还有最好的安慰，那就是三个乖巧懂事的女儿的陪伴。严幼韵和孩子们被安排在格兰德旅馆的一个大套房里，正是在那里，国务院的代表证实了杨光泩牺牲的消息，严幼韵不得不面对现实，丢下美好的幻想，并第一次为杨光泩的离世而哭泣，这哭泣整整迟了三年。

当严幼韵和女儿踏上美国的土地时，光泩一个人永远地睡在了中国大地冰冷的泥土里。但是，如果光泩泉下有知，也会会心地微笑。

生活中总是会突发一些状况让我们应接不暇，但是我们许多时候无法预测这样的事情。当刚到美国的严幼韵，举目无亲的时候，又一棘手的事情发生了。

在刚到美国之后不久的一个晚上，严幼韵的二女儿雪兰突然肚子疼，豆大的汗珠和泪珠交织在一起，雪兰在旅馆的床上疼得直打滚儿。情急之下，幼韵找来了顾维钧和他的朋友何士。在他们两个人的帮助下，雪兰住进了附近的医院，并做了切除阑尾的手术。

顾维钧和何士都是严幼韵在旧金山接受中国代表团款待时相熟的朋友。让严幼韵没有想到的是，一个影响自己晚年的人就在此时出现了，那个人就是——顾维钧。中国外交史上不得不提及的名字。在此后的日子里，顾维钧和何士都给予了严幼韵很大的帮助。

原本严幼韵打算在旧金山安顿下来。可是当中国代表团离开以后，举目无亲的严幼韵感到了从未有过的孤独。于是，她决定带着孩子们前往纽约，因为那里有很多朋友。

经过了三天三夜的行程，孩子们看到纽约。何士先生早已经预定好了一家豪华饭店。幼韵和孩子们在那里住了五天，之后又几经周折终于安定下来了。律师罗伯特·黄处理了幼韵的许多有关法律的事务，又写信给中国政府帮助严幼韵争取到了杨光泩的欠薪。虽然只是支付到光泩牺牲的时候，但是对于严幼韵来说已经是莫大的帮助了。之后的许多朋友又帮助严幼韵找房子，安排蕾孟、雪兰和茜恩去私立学校读书。

谁也没有想到，一个女子，身无外物，没有朋友，没有家人，失去丈夫，在美国的土地上能够生活得很好。是什么样的精神支撑着严幼韵来到美国，继续生活？对于严幼韵来说，完全可以选择一种简单的方式——回到中国，回到上海。因为那里有家人的陪伴和帮助，那里有熟悉的环境和相熟的朋友。但是严幼韵没有选择简单的方式生活，因为她想要给孩子们更好的未来。当时的美国对于许多中国人来说是远不可及的梦。所以，纵使生活有种种困难需要克服，严幼韵还是选择了离开马尼拉，前往美国。

经过这位母亲的不懈追求和努力，终于，在美国纽约，这一家人有了稳定的生活。

7 月的《妇女家庭》杂志上，刊登了一篇关于圣诞节的报道。配的图片就是幼韵和三个女儿在家中准备圣诞节的情形。照片上，三个女儿都穿着中式的旗袍，雪兰和茜恩的头上扎着蝴蝶结，年纪最小的茜恩正在研究收到的圣诞节礼物，严幼韵在一旁微笑着，眼里脸上透露着幸福和满足。

试想当时的美国人看到这张照片，应该不会想到这四位是刚刚经历了战乱的中国女子。她们饱经战乱之苦，一路颠沛流离，失去了丈夫或父亲，远离家园故土，在美国生活得如此心满意足。

现实的生活，点滴的深刻。是谁也不会想到严幼韵会带领着孩子们在失去光泩之后生活得如此幸福。人生最可怕的不是失去，而是绝望！在绝望中，人们会失去生活的斗志，会无法摆脱内心的心魔。这将是一个人彻底的失败。再没有比心灰意懒更加可怕的武器了，但是严幼韵无论何时何地，都对人生充满了无限的憧憬！这是她战胜一切灾难的秘诀！

来到美国之后，一切都是渺茫的，不知所措的。但是人生很多时候都是在面对未知的世界，而我们能做的只是勇往直前。

1949，我来看看你真实的样子

20 世纪 50 年代的国际形势依然紧张，尽管是美国这样的国家，动荡的时局也会时而显现。在这样的国家生存，想要让生活变得更好，严幼韵很清楚地知道，自己需要彻底的改变。抛弃原来的所有旧习，重新开始新的生活。

改变自己是一种绝杀，是一种与过去的自己进行的告别。这是一种壮士扼腕的勇气。

当生活渐趋恢复平静，当安顿美国的想法变成了现实，当孩子们都开始上学，严幼韵终于可以静下来思考自己的事情。

在刚刚到美国之后，严幼韵就想到了一个十分严肃的问题，那就是她要出去工作，才能赚钱养家。在彻底结束了名媛贵妇的生活之后，摆在严幼韵面前最现实的一件事情就是这个从未工作过的女性要在美国找到一份体面的工作，并且足以用赚来的钱养家。

光泩补发的薪水和幼韵随身携带的钱已经难以维持现有的生活。这时候，一位朋友为幼韵介绍了一份工作——美国国际保险公司。这是一份在今天看来需要工作者拥有很丰富的销售经验的差事。对于一直只懂得买东西而从未卖过东西的严幼韵来说，并不是十分适合。也就在此时，唐将军的儿子唐建文和严幼韵住在一栋公寓里，他恰好在联合国的人事部门工作。几乎每一天，他都会带回来各种岗位空缺的消息。一天，唐建文下班回来，带回了一份“礼宾官”的空缺岗位说明。当看到这份说明的时候，严幼韵感到了希望的出现。

联合国礼宾官，这份工作太适合严幼韵了。因为这份差事需要接待各国元首、政要及其夫人，需要安排住宿、酒会、宴请，有时甚至还需要陪同一些身份显赫的夫人们去购物、游玩。礼宾司的工作从接待到任大使，安排他们递交国书，到接待参加联合国大会的国家元首，涉及了联合国所有官方礼仪事宜，不能出丝毫差错。严幼韵对这份工作非常感兴趣。因为这和她之前的生活联系得太紧密了。

在详细地看过岗位说明之后，严幼韵就决定打电话给时任托管及非自治领土情报部助理秘书长的胡世泽先生。胡世泽听了严幼韵的请求，反倒是带着点取笑的味道说：“幼韵，你不能工作，否则要每天九点准时上班的！”听了他的带着点善意嘲讽的话语，幼韵也笑了。因为确实是这样的，在此之前，除了上学的时候幼韵会早上按时起床外，自从嫁给了光甡，幼韵一直都在做全职太太，从未在早晨定时起床。但是，幼韵还是决定，开始一段不一样的生活。不仅仅为了给孩子们提供更好的生活条件，更是希望自己进入一种全新的生活状态。希望在美国有一个全新的自己。

那时候，连严幼韵自己也怀疑过。从来没有正式上过一天班的大小姐，能否适应朝九晚五的生活，能否和同事们相处融洽，能否在工作中不出错，能否得到上级的认可和同僚的喜欢。这些问题对于严幼韵来说都是未知的。曾经的严幼韵，最勤奋吃苦的日子还是在学生时代。尽管那个时候需要早起念书，但是严幼韵并没有把学业当成是一种负担。反而视同如社交生活一样自然而然的事情。现在的严幼韵，即将到不惑之年，要开始人生中的第一份工作，这或多或少让她有些畏惧。可是严幼韵转而想到，如果想在美国幸福地生活下去，不靠家里边的接济，那就必须出去工作，赚钱养家。

虽然胡世泽在取笑严幼韵，但同时他又非常了解严幼韵。胡世泽笃定地认为幼韵是完全可以胜任这份工作的。经过胡世泽的疏通和介绍，很快，联合国礼宾司司长让·德努和严幼韵见面。在他听了严幼韵讲述了作为外交官妻子的经历之后，立即问严幼韵：“你可以周一来上班吗？”

这是她的第一份正式工作。

从这时候开始，严幼韵一步步地走向职业女性的行列。

虽然一开始的时候薪水很低，只能支付房租，但是幼韵还是很开心。因为这毕竟是严幼韵过了而立之年后第一次通过自己的工作赚钱养家。此时的严幼韵不再是民国时期大上海的名媛闺秀，只知道享受生活带给自己的一切美好；此时的严幼韵更加不是刚刚嫁给光泩时的稚嫩的小女生，只懂得站在光泩的背后做一个合格的外交官妻子；此时的严幼韵同样的高跟鞋，擦香水，拿着名牌包包，但是她是去做一位礼宾官，并且做得相当出色。

严幼韵自己曾经很多次都说过，来到美国之后，她似乎是交了好运。不仅得到了很多朋友的帮助，不再经受战火的侵袭和惊吓，并且还有了一份体面的适合自己的工作。虽然联合国礼宾官的薪水很低，但是在很多方面都有补偿。最直接的就是来自同事们的帮助。这些同事都是不同寻常的行政人员，他们优雅、彬彬有礼，是一个素质很高的国际团队。除此之外，另一项优厚的待遇就是可以享受免费的假期。

这对于严幼韵来说是最大的诱惑。因为，她可以利用这样的假期和孩子们出去度假或是回国探亲。

联合国礼宾司规定，每个月有两天半的年假，每年就可以积累三十天的假期。这就意味着每两年幼韵就可以享受长达两个月的假期，如果回国探亲的话，联合国还会为她和家人们提供乘坐头等舱的费用。

这一切对于严幼韵来说都是再好不过的了。

天道酬勤，很多时候，严幼韵都看似是上天的宠儿，总是能够在绝地得到重生。但是，没有人能够了解严幼韵曾经遭受的苦难，是在重重苦难中奋力奔走的决心支撑着严幼韵。所以，人生中的任何苦难并非是真正的苦难，或许只是指引人们走向下一个成功的阶梯。

联合国的工作对于严幼韵来说是容易的。因为严幼韵自从嫁给了光泩，就与外交结下了不解之缘。无论是和光泩的闲谈还是陪着光泩参加活动都是与外交、与政治有关的。所以这项工作还算得心应手。同事们都很友善，给予了幼韵很多的帮助。

在联合国工作还不到一年的时候，严幼韵不得不提前休年假了。因为，1947 年 9 月，在南京要举行为光泩和其他领事官员的国葬。外交部承诺为牺牲的领事官员修建单独的墓地，并付诸了行动。

这一次的回国，居然是参加光泩的葬礼，在幼韵看似平复的内心再一次揭开了一道伤疤，要很久才能愈合。光泩的葬礼是国葬，前来吊唁的人很多。严幼韵要和每一个来慰问的人都寒暄，回忆往昔。这是一个痛并快乐着的事情。往事一一浮现，人已不再，年华老去。

悲痛的国葬礼结束的时候，严幼韵就把关于光泩的全部记忆封存起来，安放在心灵的最深处。因为每打开一次，每回忆一次，都是一种微笑伴着泪水的嘶吼。严幼韵决定把悲伤掩埋，继续生活。

因为她知道，这一定会是光泩最后的期望。

公祭结束之后，幼韵回到了阔别已久的故土家园——上海。经过战争的洗礼，上海犹如一位千金小姐经受了劫难一般，憔悴着，呻吟着。严幼韵在曾经留下少女美好回忆的上海住了一个月。十年之前，幼韵离开上海去香港度假避暑，一去就是近十年。这十年里，严家有了很多变化。最重要的事情就是严幼韵的母亲在1943年的时候就已经去世了，那时严幼韵正在马尼拉困苦地生活着。家人并没有把母亲离世的消息及时地告诉给严幼韵。所以，当再一次回到自己的家中，母亲离世的悲痛已经消散，财产的分割虽然有很多令人不快的经历，但是还好，一切都过去了。当严幼韵手捧着母亲留给她的那一份遗产时，热泪盈眶。母亲一直喜欢收藏珠玉珍宝，所以遗产是一些珠宝。幼韵只是带走了最珍爱的珠宝首饰，其他的都留给了姐姐莲韵，并且说下次回来探亲的时候再拿走。可是，自那一次离别之后，幼韵再也没有回过上海。而那份留给姐姐的珠宝，成了姐妹亲情的最好证明。

幼韵待在上海的那段时间，还去了结婚之初和光泩一同住过的在国富门路的房子。当年的家具都还在，每一处都浸满了浓浓的情意。严幼韵选了自己最为钟爱的餐厅家具，运往美国，也带走了在上海关于光泩的全部历史。

转眼间，到了1949年，严幼韵很想看看它真实的样子。在大洋彼岸的上海，频频传来胜利的喜讯。在一片废墟之上建立起一个傲人的国度。亲友们远在万里之外的大上海，或是祖国其他地方，他们都在向身在美国的严幼韵诉说着中国的改变。严幼韵感到无比的欣慰和自豪。而此时，严幼韵再一次想起自己牺牲了的丈夫杨光泩。在这样一个胜利的时刻，杨光泩和其他许许多多为国家尽忠效力的烈士一样，将永远被活着的人们缅怀着，纪念着，崇拜着。

1949 年的严幼韵，也开始有了稳定的生活。和中国一样，开始一段新的征程。

1949 年的夏天，严幼韵在美国的新泽西的恩格尔伍德租了一栋房子，为期一年。冬天雪花飘飞的时候，幼韵和孩子们到那去度周末。1949 年和 1950 年的夏天，也是在恩格尔伍德度过的。那些回忆太美好了。为了往返恩格尔伍德能够更加方便快捷，严幼韵买下了郭华德的旧凯迪拉克，并且还取得了美国的驾照。虽然在上海复旦大学的时候就会开车，但是拥有驾照还是第一次，严幼韵很是兴奋。

来到美国，转眼间，两年的生活过去了。在这两年里，严幼韵努力地改变着自己，适应新的生活，适应新的国土，适应新的工作。她从不抱怨，因为她相信事情也许会变得更糟，所以现在的一切已经是最好的情况了；她从不退缩，因为她知道后面已经没有退路，人生只能永远的向前张望；她从不悲观，因为她知道悲观是人生最大的敌人，乐观从容才是自己的朋友，能够帮助自己渡过难关。

1949 年的时候，严幼韵有了公寓、汽车、度假别墅。孩子们都是在私立学校读书，并且成绩优异。严幼韵经过两年的努力，终于在美国安顿了下来。开始了美好的生活……

每一天的太阳都是新的，每一个清晨起床都是心情舒畅的，每一次傍晚回家都是内心充实的，看到孩子们的一点点进步，严幼韵都感到无比的幸福和安适。这是生活给予严幼韵的最好的回馈，这是生活对于严幼韵最好的安慰。不痛，不伤。

“我是严幼韵”

生活还在继续，丝毫没有停下脚步的意味。严幼韵也在看着孩子们一点点长大。岁月最好的沉淀就是看着孩子渐渐长大，等待着自己慢慢变老。在一些人看来，女人年过四十，生命就没有更多的渴望。因为年过不惑，容颜的衰老已活生生摆在眼前。但是这一切对于严幼韵来说，并不算什么。因为生活还将继续。

从少女时代开始，因袭了母亲的喜好，幼韵喜欢收藏珠宝。这也是民国名媛的共同印记。幼韵有很多珍贵的珠宝，这些都是去世的母亲留给她的。曾经在欧洲的时候，幼韵也购置过一些心爱的珠宝。但是幼韵的珠宝似乎都很不幸，总是会经历磨难。早在十年前，那些价值不菲的珠宝就在马尼拉遭遇了洗劫。这一次又有不幸的事情发生在她的珠宝盒里。

1949 年的一天，严幼韵的珠宝再一次被盗。严幼韵记得上一次珠宝被盗是在刚到马尼拉的时候，那个时候光泩还在。而这一次，是在美国。

那一天，严幼韵回到西区大街562号家中，发现公寓被盗，珠宝不见了。还好，一些贵重的珠宝因锁在保险柜里才幸免于难。对于珠宝的丢失，严幼韵已经没有那么沮丧了。不仅仅是曾经遭受过洗劫，而是严幼韵认为，优雅的气质不一定要用华贵的珠宝来衬托，最好的装饰是内心的纯真和善良。

祸不单行，严幼韵在恩格尔伍德的消夏别墅租期到了。严幼韵为找到满意的公寓又开始了新一轮的奔波。当时，严幼韵的老朋友薛寿萱住在中央公园西300号埃尔多拉多的顶层公寓里。他告诉严幼韵二楼有间三室的公寓空着。在美国，严幼韵总是会得到很多朋友们的帮助，所以，对于严幼韵来说，朋友是生活中不可或缺的一部分，是在美国生活中能够感到乡土情怀的一扇窗。

埃尔多拉多是一栋具有华丽的艺术装饰风格的公寓。在看了公寓之后，大堂的一幅壁画深深地吸引了严幼韵。这栋公寓的格局更加合理，屋子也十分的宽敞明亮。严幼韵对这间公寓一见钟情。于是，决定无论如何要租下它。

严幼韵在租下这间公寓之后，开启了全新的生活。因为这里离很多中国朋友住的地方都很近。常常是下班回来，朋友们已经不耐烦地等着她打麻将。幼韵的仆人吴妈已经被她培养成很优秀的厨师。这是幼韵最引以为豪的地方，幼韵总是能够在很短的时间内培养出能做美味菜肴的厨师。

也正是在纽约中央公园西300号住下来之后，严幼韵和亲爱的朋友们有了更多接触的时间和机会。虽然在美国生活，但是严幼韵的朋友圈几乎都是华人。大家都是同宗同族，同样的血脉，所以在美国纽约，大家时常聚在一起。而在这众多的朋友中，许多人都是在上海结识的。包括宋子文和张乐怡夫妇，蒋士云和贝祖贻夫妇，薛寿萱夫妇，唐星海和温金美夫妇等等。他们成了严幼韵一生的朋友，他们的孩子也成了严幼韵女儿们的朋友。

这就是严幼韵的朋友圈。很多都是影响上海，影响整个民国的人物，在他们的眼中，严幼韵是他们钦佩的女子。

很多时候，身边能够有朋友的陪伴是件幸运的事。尤其是那些漂泊异乡的人们，朋友的相聚很多时候就像是家人团聚一般，能够给人带来温暖的感动。

严幼韵一边努力认真地工作，一边耐心勤恳地经营着自己的生活。仆人吴妈跟随了严幼韵多年，她是个性格随和的人，对于幼韵的种种要求总是尽量满足。而在严幼韵的苦心孤诣的栽培下，吴妈成为很棒的厨师。很多时候，朋友们在严幼韵家里聚会，一半的原因是吴妈能够烧得一手好菜。对于吃腻美国大餐的这些上海人来说，能够吃得上一口地道的家乡菜，是最幸福不过的事情了。

朋友们来严幼韵家里聚会的另一半原因就是——打麻将。麻将，是中国人热衷的一项游戏。可以说在偌大的中国，不会玩牌的人是寥寥无几的。打麻将一定要四个人，而且一玩可能就是一个下午或是一整天。在玩牌的过程中，不仅仅有经营牌道的乐趣，更可以借着玩牌的机会漫无目的地聊天。

一段时间里，幼韵的大女儿蕾孟常常笑妈妈打麻将太频繁。几乎幼韵每周都要打麻将，两次或者更多。其实对于严幼韵来说，打麻将是和杨光泩结婚后不久在上海学的。而且只是初学，并未精研。

之后很多年都没有再玩过。对于女儿的“指责”，严幼韵是这样解释的：常常和朋友们聚会打麻将并不是因为酷爱打麻将，而是为朋友们提供了一个团聚交往的机会。如果不打麻将，难道大家聚到一起枯坐闲聊吗？

幼韵对于朋友的用心之处就在于这些点滴的小事上。而严幼韵位于市中心的埃尔多拉多公寓也成了某种意义上的社交中心。常常是幼韵下班回到家，朋友们都在不耐烦地等着她打麻将。但是和大家打麻将，严幼韵是输多赢少。原因很简单，严幼韵还仅仅是个新手，再加上上了一天的班，精神已经疲惫不堪了，哪里有心思去钻研牌技呢？

更让严幼韵骄傲的是，她原来从郭华德手里买的旧凯迪拉克换成了一辆白色黑顶的漂亮的奥斯莫比尔轿车。至今为止，严幼韵一直怀念着当时驾车上班的日子。早上上班，晚些时候去参加午餐会、鸡尾酒会。当时纽约所有的街道都是双向通行，交通状况比现在混乱得多。但是严幼韵驾车的过程中除了几次刮蹭之外，从来没有出过事故。严幼韵还记得，有一次她把皮包落在了后备箱上，等到目的地的时候，皮包还是安然地放在那里。这就足以说明严幼韵开车的时候是多么地谨慎小心。但是对于泊车来说，一直是幼韵最大的困扰。

这就是严幼韵，严幼韵就是这样。一个出身高贵，曾经衣食无忧，曾经国际社交场上的名流，严幼韵经历了战争，经历了丈夫的离去，经历了居无定所，经历了几乎身无分文的落魄，还是乐观坚强地活了下来。曾经的锦衣玉食的生活并没有影响朝九晚五勤恳上班的严幼韵成为一名优秀的外交人员；曾经显赫的家世背景并没有让这个金贵的身躯无法招架生活的重压；曾经的外交夫人的光鲜头衔并没有使这个外表柔弱内心坚强的女子逃避世俗的眼光。

我们欣赏严幼韵，欣赏她的乐观性格，欣赏她的无所畏惧，欣赏她的才华横溢。曾经的复旦大学校花在国际舞台上星光熠熠。

时光飞逝，1948 年，蕾孟从艾伯特学院毕业进入威尔斯利学院继续学习。1952 年毕业时，蕾孟获得威尔斯利学者称号，之后进入哈珀兄弟出版社工作。雪兰和茜恩追随蕾孟进入艾伯特学院，后来雪兰也就读于威尔斯利学院，1955 年作为优等生毕业。她先后供职于几家广告公司，并为之效力三十年。茜恩于 1957 年进入斯基德莫尔学院学习。1955 年，蕾孟嫁给了孙崇毅——雅斋和孙广禹的儿子。一年以后，雪兰嫁给了薛寿萱的儿子薛杰。而当时茜恩和唐星海之子唐骝千分别就读于艾伯特学院和安多佛的菲利普斯学院，他们一直稳定地发展着他们的爱情。

孩子们在学习、工作、恋爱、婚姻的道路上一路奔跑着，欢笑着，努力着，奋斗者……

这一切对于严幼韵来说是最好的回报。雪兰曾说过："当我们把各种类型的追求者和后来的准丈夫带回家的时候，妈妈顶多会说：'如果你满意，那我也高兴。'即使她私下对于两人是否般配有想法，后来我发现她的确有想法，也从来不对我们讲。一切都是我们自己做主。"

实际上，在幼韵也如孩子们这般年纪的时候，幼韵的母亲也是这样对待幼韵恋爱和婚姻的事情的。只要是儿女们认为对的，喜欢的人，长辈是不会妄加言论的。这是这个家族的传统。自由、开放、民主，处处充满爱。

远方是异地他乡，但是严幼韵依然把家的韵味延续着。虽然，自 1947 年之后，严幼韵就未曾回过上海，但是，家的气息，家的韵味却始终萦绕在身边，不曾消散。严幼韵没有刻意的要求，但是三个女儿都嫁给了中国人，并且她的女婿们的父母还是严幼韵的故旧知交。或许是缘分使然，这些华夏儿女在异国他乡依旧牵手同行。或许，这也是故国之思的最好证明。

从 1949 年到 1959 年，来到美国的这十年间，孩子们已经从当初的豆蔻年华成长到了拼搏奋斗的青春时代，十年的积累和沉淀，十年的淘洗和打磨，无论是严幼韵还是孩子们，都已经从当初的一块块璞玉变成了精美的工艺品。她们或是珠圆玉润，或是灼灼其华，或是锋芒毕露，或是晶莹剔透。

生活是位公平的法官。它会让勤奋努力的人们得到最好的嘉奖。幼韵来到美国之后，一直尝试着改变自己，改变生活，改变命运。严幼韵不愿做一个被同情的寡妇，严幼韵更加不愿意成为别人茶余饭后议论的谈资。因为她是严幼韵，即使生活再糟糕，也要活得精彩，活得潇洒，活得无怨无悔。

总之，严幼韵和她的孩子们，无论何时，都会穿着旗袍，优雅地出现。

第七章

事业 - 最灿烂的那朵花

风光下的礼宾官

从外交大使夫人到联合国的礼宾官，在这两个角色的转变中，严幼韵做得十分成功。对于很多人来说，这种跨度与难度是无法想象的。毕竟一个曾经是被人服务的高贵身份，而一个是服务他人的外交人员，看似同一个圈子，却在立场上有本质的不同。幸而，这一切在严幼韵的手中变得自然流畅，不露痕迹。

这个世界上，没有什么是理所应当。所有的一切，都是努力和选择的双重结果。

1946 年的那个春天，严幼韵着一袭旗袍，带着香水的气息，穿着高跟鞋，提着手提包，来到了联合国大楼的楼下。当她抬首仰望，一时失神。望向这栋大楼的瞬间，不知她是否想到会在这里即将经历硕果累累的十年。

其实，联合国的礼宾官主要来自欧洲，并且通常都是来自拥有与皇室相处的丰富经验的国家。他们之中的很多人甚至还拥有爵位，比如联合国礼宾司的司长让·德努就是一位法国伯爵。而礼宾司的另一位同事杰奎琳·尼姆是一位成长于法国的英国人，在战争中一直在法国从事抵抗运动的杰出代表。还有来自委内瑞拉富裕家庭的西尔维娅·格罗夫·帕尔默。和这些或身份高贵，或家世显赫，或成绩斐然的同事一同工作，严幼韵难免感到莫名的压力。

因为这些同事来自不同的国家，所以，大家在一起工作的时候需要使用好几种语言，包括汉语、英语、法语、西班牙语等等。所以在工作开始之初，语言是一项需要攻克的难关，严幼韵每天都会拿出大量的时间来学习法语和西班牙语。但这也是一种愉快的经历。虽然对于40岁的严幼韵来说，重新开始学习其他两种语言是十分困难的事情，还好有同事们帮助她。在和同事们学习外语的过程中，也可以去充分了解不同国家的文化，友谊也随之加深。

也正是有这样的交流，所以，严幼韵在联合国礼宾司人缘非常好，也常常是大家的“润滑剂”“和事佬”。严幼韵在联合国礼宾司退休之后很久，还会收到同事们的来信。信中说十分怀念幼韵在的日子。如果严幼韵还在礼宾司的话，可能会减少很多同事间的麻烦。从让·德努和皮埃尔的长信中，可以看出严幼韵是多么地受同事们喜欢，以至离开之后，同事们还会写信表达思念之情。

或许这是中国人智慧的体现——中庸之道。东西方在文化渊源上来讲是两个流派。东方人注重孔孟之道，老庄哲学。与人交往的时候永远是谦卑和善的。不会刻意地去伤害别人，出现矛盾，第一时间化解，不结怨，不仇视，不锋芒毕露，只是小心谨慎地维护着各方的情绪。东方的“安和”智慧是人际交往中最高妙的手段。西方人则显得更加直接和强势。所以，在这样的环境下，严幼韵就变得尤为和善和中庸，成为众人喜欢的对象。

办公室的关系向来就是错综复杂的，很难理顺，联合国也是一样。严幼韵用她的睿智和温柔化解了很多同事们之间的矛盾。或许，这是中国人特有的素质，一切都很温和的处理，不激进，不蛮横。

礼宾司的工作体系是庞大而繁杂的。礼宾司负责联合国所有官方礼仪事宜：接待刚刚赴任的大使、安排他们递交国书等。如果有国家元首来访，礼宾司的工作人员就要负责通知纽约的相关部门去码头或机场迎接、清关、安排酒店以及卫队的车辆等。看似是一些不关紧要的事情，但是如若这些事情上出了小的差错，将极大地影响国家形象，有损国家威仪。所以，每每遇到这样的比如国家元首来访的事情，严幼韵都做得小心翼翼。每一个环节都要反反复复核对，尽量严密，不得出一丝差错。

让严幼韵印象深刻的是第一次接待的外国元首——哈里·杜鲁门。当时因为位于曼哈顿的新联合国大楼还没有动工，所以杜鲁门总统与夫人在华尔道夫酒店举行了招待会。那是一次难忘的经历，对于严幼韵来说，在自己的工作范围内，与杜鲁门总统进行沟通洽谈，这是严幼韵从未想过的事情。

礼宾司每天还必须解答来自举办晚宴的代表团的无数问题。这是一个很容易让人厌烦和恼火的事情。比如恰当的座位安排、不同国家的宗教习俗、饮食禁忌等等。当这些事情都被安排好的时候，当真正的国际会议开始的时候，严幼韵和她的同事们却站在很远的地方，看着官员们在他们的精心安排下顺利地进行国事访问或交流。严幼韵的脸上也会浮现出满意的、舒朗的微笑。

每个人都有多重角色，工作中的严幼韵和生活中的严幼韵是截然不同的。生活中的严幼韵似乎很多时候都是大而化之，不牵强，不较劲。但是工作中的严幼韵是勤恳的、认真的、严谨的，甚至都是苛求完美的。

联合国礼宾官的工作是灵活的。常常因为接待一位外宾而忙碌到深夜，会因为准备一次国际会议而几个星期没有休假。

如果有人认为联合国礼宾官的工作是可以每天准时 5 点下班，那就太天真了。因为，经常有很多事情是在工作时间之外的。比如严幼韵给自己定下的规矩——出席所有她负责的国家国庆日的晚宴。在一开始的时候，严幼韵负责十三个成员国的工作，包括：中国、阿富汗、缅甸、埃塞俄比亚、日本、泰国、美国、苏联、南斯拉夫。每当这些国家举行国庆日的晚宴的时候，严幼韵都会盛装出席。正是这样的一种行为，让严幼韵在联合国的工作更加的顺利。除此之外，严幼韵还被邀请参加外交界和纽约社交界组织的各种活动。严幼韵负责的国家很多。因此在联合国大会期间经常参加午餐会、鸡尾酒会和晚宴。联合国大会是联合国一年活动的序幕，也是严幼韵一年中工作的高潮。

但唯一让严幼韵苦恼的是，平日她并不喝酒，但在宴会中就要应对各种情形，常常是整个宴会，严幼韵可能都要端着一只酒杯，撑到宴会结束。

虽然工作是紧张而繁忙的。但是严幼韵还是决定把周末的时间留给自己的朋友们和孩子们。因为工作是永远也做不完的，但是家人和朋友需要她的陪伴。所以在联合国工作的这十几年里，几乎每两年严幼韵就会带着孩子们和好友到处旅行。把一整年积累的假期通通花掉，毫不吝惜。朋友们也觉得严幼韵是一个能够把工作和生活分得很开的女人。虽然年过四旬，对于一个女人来说已不再年轻，但是严幼韵却在自己的生命中活出了色彩和滋味，让人艳羡、倾慕。

严幼韵的女儿杨雪兰曾经这样回忆母亲工作的那段时光：妈妈周末经常要工作，特别是联合国大会召开之前众多国家元首和高官纷纷抵达的时候，就是妈妈最忙碌的时候。而这个时候我也会去帮忙，做些打印地址簿之类的事情，减轻一些妈妈的劳累。而这个时候充斥着使用各种语言的激烈场面和危机，都需要高明的外交手腕。比如说当伊丽莎白女王和菲利普斯亲王抵达美国前夕，办公室的电话响个不停，代表们争相索要入场券、抱怨座位不理想、请求谒见等等。这都是妈妈工作的一部分，安排首脑们的行程、安抚为自己国家争取最佳席位的代表们。

如此复杂的理顺各种关系，协调各方利益和要求，安抚大家焦躁的心情。这些仿佛让我们再一次看到了困守马尼拉的严幼韵。那个“大杂院”里的扎着围裙，指挥大家有序生活的“杨太太”。那是一次宝贵的经验，虽然它的存在和发生有些残忍。但是对于严幼韵来说，恰恰是那三年的艰苦跋涉，才有了今天联合国礼宾官——严幼韵的成功与饱受嘉奖。

人生的每一次成长都是一次痛苦的记忆。我们很多时候并不十分情愿地的接收这些磨难，但是每当我们千辛万苦的迈过那道坎儿的时候，都会有一次人生的蜕变。正是在一次次人生蜕变之后，我们才长出了美丽的羽翼，飞在幸福的花海里。

进入联合国工作之前严幼韵从未正式工作过。而且，严幼韵一直没有忘记胡世泽善意的取笑严幼韵每天 9 点准时上班的事情。在刚刚走上联合国礼宾官的工作岗位的时候，曾经的外交官夫人的身份给了严幼韵很大的信心和鼓励。同事们显赫的家世，工作中接触到的美国名流的高贵优雅，谈笑风生，都使严幼韵十分享受这份工作，享受工作给她带来的快感和精彩，也喜欢在工作结交到的好朋友。

十三载的风霜雨雪；

十三载的兢兢业业；

十三载的运筹帷幄；

十三年的雷厉风行。

十三载的悠悠岁月里写满了华丽的篇章，十三载的风雨兼程里写满了睿智与坚强。

任何一段传奇的演绎都有它的根源。严幼韵能够在联合国礼宾官的位置上做得如鱼得水，得心应手。更多的是名媛的内在气质和修养作为积淀，十几年的外交夫人生活的经历是最好的经验，困守马尼拉的三年是对意志的磨砺，还有就是严幼韵蕙质兰心的特质和宅心仁厚的品行。任何的成功都不是偶然的，任何的传奇都不是突发的，任何的岁月光辉都不是一蹴而就的。这些都需要长久的积淀和不懈的努力。

风光礼宾官，绝代严幼韵。

未曾想到的遭遇

人生是多元的，总是在跌宕起伏中涌现希望、感动、憧憬，同时也给人们失望、痛苦、离殇。当生命的繁花如锦缎般热烈的盛开之时，也必将有她自己悲情的谢幕。很多时候，人们感到生的火热，死的冰冷。在冰与火的交织中，度过此生。

严幼韵 111 岁的人生中，经历了无数的苦痛，也享受了无数的幸福。当幸福降临的那一刻，这个从小长在金玉中的大小姐没有慌张和惊讶，优雅从容地接受着上天的恩赐。就像是遇到生命中的挚爱——杨光泩，严幼韵清楚地知道这个人就是自己一直在寻找的人，他才华横溢，他风趣幽默。但是，严幼韵并没为爱痴狂，因为严幼韵清楚地知道，只有优秀的自己才是赢得一切的筹码。所以，·严幼韵最后和杨光泩走进了婚姻的殿堂。

原本以为这样的结局是最好的，最完美的。在他们的第三个孩子茜恩出生之后不久，光泩和幼韵来到了马尼拉。在严幼韵的心中，把这一次的赴任当作了完成工作的一部分，丝毫没有想到马尼拉将是这一家人幸福团聚的最后时刻。

当日本偷袭了珍珠港的事件发生之后，当杨光泩焦急地处理着各种备战事宜的时候，严幼韵还没有意识到悲剧的来临。直到 1947 年来到美国，得知了杨光泩去世的消息，年轻的幼韵才意识到今后的生活将会与众不同，因为不再有光泩的陪伴，不再有光泩的呵护，不再有一家人其乐融融的画面。

当未曾想到的遭遇突然降临的时候，严幼韵并没有向命运低头，而是坚强地、勇敢地、乐观地走向了生命的另一个辉煌。

是命运的一次次打击和磨砺，让这个民国名媛有了别样的风华和神韵。民国的奇女子有很多：才华横溢的林徽因，风姿绰约的陆小曼，为爱痴狂的张爱玲，叱咤政坛的宋氏三姐妹。在众多的民国名媛、上海闺秀中，严幼韵是最传奇的一位女子。不仅仅因为这位民国名媛见证了两个世纪的沧桑岁月，不仅仅这位民国名媛在国际舞台上游刃有余，不仅仅这位民国名媛得到了两位中国著名外交家的爱慕，更是因为这位女子有特立独行的性格，有化解伤痛的良方，有协调各方的本领。

这就是严幼韵，上海滩最后一位大小姐。永远的香水、高跟鞋，脸上挂着笑，眉宇间带着温和气息的女子。

当厄运交织着悲情一次次冲击她的生活时，她微笑着说："也许还能更糟，每天都是好日子！"严幼韵总是能够轻松地化解掉命运带给她的忧伤，永远用和蔼可亲的微笑展示着东方女性的独特魅力。

在光泩去世之后，带给严幼韵又一次沉重打击的事情就是茜恩的离去。在三个女儿中，茜恩是年纪最小的。在茜恩幼小的心灵里，对于父亲的记忆是微薄的。微薄到像一层薄纱一样，轻飘飘的，似乎没有重量。因为在光泩最后离开她们的时候，茜恩还是个幼小的孩子。但是在三个女儿中，茜恩的相貌是最像光泩的。每每看到茜恩，严幼韵就像是又见到了光泩一样。

茜恩是严幼韵最最宠爱的小女儿，从小茜恩就是个懂事听话的孩子，任何的痛苦在茜恩那里都能化解成微笑。茜恩还是小孩子的时候就永远地失去了父亲的疼爱。所以对于这个小女儿，严幼韵倾注了更多的关爱，不仅仅是为了补偿茜恩，更是为了早已离去的光泩。

如此宠爱的女儿，结婚的时候，幼韵亲手为女儿缝制婚纱。茜恩生孩子的时候，幼韵特地赶到她的身边照顾陪伴。可是，如此优秀的茜恩还是即将要离开她，去天国看父亲。幼韵在内心深处是无法接受这个事实的，但是幼韵在外人看来还是平静地接受着这一次厄运的降临。

朱迪·布什在回忆茜恩的时候提到茜恩的“令人深受鼓舞的笑声，提升大家的幸福感、平添乐趣。我们不确定茜恩那时是否已成长为一位坚强并具有影响力的妇女，也不确定她的同学们那时是否成熟到能认识到这位可爱女性身上的智慧和力量”。

茜恩是位慈善家。她一直是一位活跃的女士，也是慷慨的捐赠者。这一点和她的父母亲很像。在很早的时候，杨光泩就热衷于慈善事业，而严幼韵的一生都在慈善捐助的道路上笃定地前行着。正是身上流淌着这样的血脉，所以茜恩从来没有让大家失望过。在很长的时间里，茜恩都在积极地参与菲利普斯和艾伯特学院的志愿者活动：1982 年至 1986 年担任校董，与校友理事会四年任期一致。作为托管人建筑委员会委员，她领导艾伯特女校友保护、修复艾伯特校园里美丽的历史建筑。

正是茜恩的至诚之心使菲利普斯和艾伯特校园能够持久的美丽。茜恩在做这些事情的时候从没想过是否值得。因为生性耿直的杨茜恩和她的父母一样，有着一颗善良的心。

可是，就是这样如此优秀的茜恩还是被癌症夺去了生命。在生命的最后时刻，茜恩依旧没有放弃对生的渴望与追求。这一点让晚年的严幼韵很是伤心，很是感动，又很是欣慰。因为当面对死亡的时候，茜恩表现得和她的父亲一样，是那么地勇敢，那么地坚毅。而如此勇敢的性格都来自于严幼韵对她一点一滴的影响。

茜恩的离去对严幼韵来说是一个极大的打击。巨大的悲痛笼罩着严幼韵，历经岁月沧桑巨变的严幼韵在晚年还要承受丧子之痛。我们无法想象茜恩刚刚离去的日子，幼韵是怎么度过的。但是，无论怎样坚强的母亲，也无法正视孩子去世的事实。

这位垂暮之年的老人还是勇敢地从悲痛中走了出来。

这一次，茜恩去世的打击实在太大了，严幼韵用了很长的时间才走出伤痛。那么多年，茜恩就像是光泩一样，一直陪伴着幼韵，不曾离开。而母亲对女儿的爱，更是带着一种与众不同的依赖和投入。所以，当茜恩去世以后，严幼韵感到了前所未有的空虚和寂寞。她的离去，仿佛了抽离了一部分自己。所以，家人为幼韵安排了一次旅行，希望她能在旅行回来之后忘却茜恩去世给自己带来的沉重打击。

这是一次不幸的遭遇。严幼韵用坚强的内心化解了一切的悲伤，重新回到生活中来。

杨雪兰曾经说过，人们经常问她对她生活影响最大的是谁？雪兰的答案只有一个：我的妈妈。严幼韵从不强迫孩子们做任何事情，相反地，严幼韵还会为孩子们提供一切可能的机会去旅行。每到两年一次的休假，严幼韵都会带着孩子们到欧洲、亚洲旅行。在香港见老朋友，到法国去看凯旋门，到意大利去享受海滩和阳光。

在旅行的过程中，严幼韵总是表现出对新鲜事情的极高热情，严幼韵还教会了孩子们游泳、骑马、打网球。送孩子们去上钢琴课、舞蹈课。

这就是严幼韵对于子女的教诲和栽培。现在严幼韵的女儿们早已过了为事业打拼的年龄，她的孙辈们已经成家立业，并在事业上卓有成绩。是严幼韵一个人带着三个孩子来到举目无亲的美国。当时的严幼韵是何等的勇敢，何等的睿智。一个生长在民国在上海的富裕家庭里的大小姐，在经历了战乱的蹂躏之后，还能勇敢地站在美国的土地上，并且活出了精彩的人生。不仅自己成为联合国礼宾官，一位优秀的外交人员，而且三个女儿以及孙辈们也是各个领域优秀的人才。

一个女子撑起了一个大家庭，一个女子幸福了一家人。应该没有人会想到，一位名媛能够转身变为一个“女强人”。在 20 世纪的五六十年代，一个男子生活都实属不易，更何况是一位带着三个孩子的母亲呢？

严幼韵的独立、自主、睿智、热情是为她赢得美好生活的起点，也是严幼韵能够享受幸福人生的起点。

人生可怕的并不是不幸的遭遇，而是丧失了生活的勇气和信心，严幼韵用自己的人生做了最好的诠释：每天都是好日子！

所有精彩都发生在当下

当伤痛远去，我们想起的永远是幸福的笑靥；

当青春远去，我们想起的永远是青涩的脸庞；

当岁月老去，我们想起的永远是似锦的流年。

所有的精彩都活在当下，所有的幸福都在当下演绎。严幼韵是一个不忘过去、不忆伤痛的智者。因为日子总会一天天地过下去，与其悲伤地活在过往的伤痛里，不如快乐地享受当下的每一分每一秒。

伤痛终将远去，留下的是美好的回忆。我们每一个人都应该用微笑迎接每一个晨曦，用双手送走每一个落日。生活前行的道路上纵使荆棘铺满地，也要内心笃定地永远快乐下去。

严幼韵为生活找到的最好的“调味品”就是假期出去旅行。每一年的夏天，严幼韵都要带着孩子们去美国的某一个消暑的胜地住上几天，消解一下工作的疲累，学习的枯燥，感受自然，亲近自然的同时也给自己充电，加油，使自己整装待发。

每隔一年的夏天，联合国都会批准严幼韵休探亲假。由于上海的家人已经多年没有联络，而且国内的形势也是异常的严峻，所以严幼韵会利用探亲假的时间带着孩子去香港度假或是到欧洲游历。这是和孩子们相处的最好的时间段。因为这个时候没有工作的压力，没有学业的苦恼。一家人，四个女人，周游世界，追思亲人，怀念故土，想来都是十分温馨的事情。常常是蕾孟或是茜恩想起了童年的趣事，然后大家一起走进回忆的长廊，感受岁月的艰辛。

香港，对于严幼韵来说具有特别的意义。因为当年严幼韵就从这里踏上了远离故土的轮船，开始了漂流的生活。也正是从这里坐船到了马尼拉——这个带着数不清的幸福和苦难的城市。就连严幼韵的仆人，做了三十几年家务的吴妈，也是这个地方的人。严幼韵会在香港的浅水湾酒店住上六个星期。在这六个星期里，严幼韵会去拜访留在香港的朋友蒋士云。蒋士云是严幼韵一生的挚友。在离开香港赶赴马尼拉的时候，严幼韵就是住在蒋士云的家中，和她畅谈了未来的生活。那时的两位美丽无忧的少妇，怎么也不会想到将来发生的一切。

香港的海滩有一种诱人的魅力。犹如一个绾着发髻的女子，在向每一个来到海湾的人招手，轮船隐约的汽笛声常常会勾起流浪者对家乡的思念。在香港的很多个晚上，严幼韵会选择一个人来到海边，享受风浪吹打脸颊的惬意。因为此时的严幼韵，工作的一切烦琐事情都可以抛诸脑后，需要做的只是一个人安静地吹着海风，海水的咸味会像顽皮的孩子一样钻到幼韵的舌尖上。

回程的路途是漫长的，要经过曼谷、东京。在日本，严幼韵和孩子们第一次品尝到了神户牛肉。那种唇齿留香的美味让人久久不能忘怀。严幼韵还第一次去了艺伎楼。那些日本的艺伎们，妆容精致，服饰华美，在清扬的音乐声中翩翩起舞。她们优雅、沉静、内敛。在日本逗留的时间不长，所以严幼韵和孩子们游玩的地方很有限。而日本也不似中国，有许多的名山大川可以拜访。

之后经历的加尔各答，恒河边上的火葬场以及无处不在的赤贫景象让严幼韵惊恐不已。很难想象，世界上竟有如此赤贫的地区和国家。

一路上的经历丰富了孩子们的视野。长大后的杨蕾孟回忆道：我们非常喜欢外出旅行。我们从未想过在暑假工作，整个暑假都在闲适中度过，我们读书、探望亲友、拿着新考出来的驾照开车出去兜风。宋子文家的避暑别墅就在纽约几公里以外的地方，几乎每天晚上他们的孩子都会到我的家里来看《深夜秀》。当她们离开后，我们又会上床读书，一直到东方泛白。

这就是严幼韵为孩子们打造的快乐暑假。比起现在大多数家庭里的孩子们来说，严幼韵的女儿们简直是太幸福了。在漫长的假期里，没有厌烦的课外补习班，不需要到处赶场似的上各种兴趣班，而只是出去旅行或是待在家里。

蕾孟和雪兰都十分高兴有这样的假期安排。因为这一切似乎并没有怎么影响到他们的学习，相反，在不断的游历与交往中，感受到了更多有趣的东西。

人生重在各种不同的体验，正是严幼韵放任孩子们去自由成长，才释放了她们身上的全部能量。

1951年的夏天，严幼韵在拉伊的森林大道租了一套房子，告诉蕾孟和雪兰应该学习操持家务。那年夏天，严幼韵还借到了一个法国厨师伯纳黛特，因为她的女主人回家探亲去了。伯纳黛特厨艺非常高明，能够为严幼韵和孩子们做美味的肉冻、猪肉酱和普罗旺斯炖菜。严幼韵一直到现在都认为，那个和善的法国厨师一定会发现蕾孟和雪兰是两个特别麻烦的姑娘。因为他们经常会在餐前半个小时的时候带回来不速之客。而伯纳黛特要因此而手忙脚乱地重新准备晚餐的加餐。

孩子们成长的过程是难忘的。严幼韵会记得孩子们带回家男朋友和准丈夫时的情形。所有的娇羞都挂在脸上，所有的心事都藏在眉间。

1952年，严幼韵在香港度过了整个夏天。住在宋子文的女婿余经鹏借来的公寓里。后来她们乘坐了威尔逊总统号返回了美国，蕾孟和雪兰还在船上的化装舞会上得了奖。

1950年到1959年对于严幼韵来说，是相对平静的九年。在这九年里，严幼韵一边工作，一边教育孩子们。生活过得忙碌而充实，愉快而惬意，舒心而满足。没有哪一种生活的快乐能和这个相比。尤其是在经历了战争之后的人们。

十三岁的雪兰曾经给十岁的茜恩写过一封信：

亲爱的茜恩：

灯已经熄了，四周一片漆黑，但我必须写这封信。你可能也知道，周一是情人节，我想给妈妈送花。我可以从这里通过电报将花送过去，但是至少要花 3 美元。所以请帮我个忙，买八枝郁金香和一些满天星，或者只买八枝郁金香。如果他们十二枝起售，而且不超过 2.5 美元的话，那就买十二枝吧。如果花太贵，超过 2.5 美元，那就算了吧。

如果妈妈刚刚买过花，请写信告诉我。

不要把这封信给妈妈看。

爱你的雪兰

多年以后，严幼韵看到这封信的时候还会感动得落泪。光阴如梭，茜恩已经离她而去，雪兰也到了古稀之年。当年幼稚孩童之间的稚嫩情怀是如此地令人欣慰和愉快。

当年雪兰的英文书法写得很糟糕，严幼韵一直保留着这封信。就如同是珍藏一段美好的回忆和温馨的旧时光一样。时而翻出来，让有些潮湿的纸晒晒太阳，温暖人心。

1956 年，雪兰举行了她的婚礼。婚礼的仪式非常地简单，因为雪兰认为婚姻是两个人的事情，无须更多人介入观赏。雪兰是一个不太注重外在形式的人。她认为，婚姻就像是她的婚礼仪式一样，重要的不是仪式有多么隆重，重要的是身边的人是否是自己所爱。

一切美好的生活都发生在当下，严幼韵就是一段段生活最好的记录者。严幼韵喜欢收集各种信件，这是一种让生命放慢脚步的方式。纸片泛黄的信件里记录的不是简单的话语，而是超越话语之外的温情和暖意。

现代社会，信息时代，互联网+，让一切情感都瞬间变成了陌生冰冷的文字。现代人由于忙碌的生活，更愿意用电子媒体传达情义。但是纸质留香的信件多年以后当再一次被展开，被阅读的时候，体会的将不仅仅是字里行间的真情，更是经过岁月沉淀的沧桑和感慨。这样的阅读能够体会阅读的亲切、温馨、流畅、感动。电子阅读或是网络媒体总是脚步匆匆，喜欢被覆盖，常常被冲刷。所以，更多的时候，人们更希望能够回到更加原始的阅读方式，感受最初的交流，在文字流动中体会情真意切。

如果时间可以放慢脚步的话，愿天下所有的人都能够珍藏青春的记忆和岁月的底片。不要让光阴轻易地从指间溜走，一去不复返。

终于稳定下来的生活

很多时候，生活给我们的回馈是无法想象的。当人们历尽岁月沧桑之后自然会得到命运的厚待，正像是麦穗经过冬天的傲雪迎来春天的嫩芽一样。严幼韵在经历了半生的漂泊之后，生活终于可以稳定下来。这是何等的欣慰和感激。感激上苍没有遗忘自己的幸福，感谢命运依然眷顾着自己。

转眼来到美国已将近十年。在这十年里，严幼韵从居无定所到有了属于自己和孩子们的消夏别墅；从只能靠积蓄和领取光洼的补发工资生活的杨太太到出色的联合国礼宾官；从一个漂泊流浪的寄宿者到优秀的美国公民，这一切的改变都源于严幼韵的坚持和努力。努力改变生活，努力实现自己最大的价值，努力做一个好妈妈，努力做一名优秀的外交人员。

这是严幼韵最优秀的地方。无论遇到了多么恶劣的环境，她总能找到办法化解这一切。让苦难的不再苦难，忧伤的不再忧伤。这也是严幼韵身上最可贵的精神。永远热爱生活，永远对生活充满希望。

虽然生活中还会遇到倒霉的事情。比如蛮横无理的房东，比如错综复杂的同事关系，比如孩子们随时可能生病或是有意想不到的麻烦。但是严幼韵都会合理合情地解决。不会和他人起争执，不会和他人有矛盾。任何时候的严幼韵都会是盈盈笑脸，谦和有礼。

是怎样的力量支撑严幼韵一路走来，不骄不躁、不气不馁。脸上永远洋溢着微笑，永远保持着对生活的热情？应该是严幼韵身上所具有的非凡魅力和坚毅的品质。

试想 1905 年在上海出生的严幼韵，是严家上下都会宠爱的大小姐。从幼儿到少女，一路的顺畅走来，不曾有过苦痛的经历，因为这个家庭总是极尽所能地给予她所有的关爱。父亲的疼爱，母亲的宠溺，让这个大小姐只需要考虑今天需要穿哪一件衣服出门。生活的一切琐事都有人替她承担。

就是这样的一位上海滩的大小姐，在经历了人生的低谷之后，还能够勇敢地站在美国的国土上开始重新生活。

当三个女儿都走进了婚姻的殿堂之后，严幼韵觉得肩上的一个一个重担已经卸下。看到孩子们丰富的生活，勤恳的工作，严幼韵感到内心的平静。1955年，蕾孟嫁给了孙崇殿，他们几乎是从小一起长大，从十一岁开始在马尼拉相识，他们便相伴着彼此长大，可以说是两小无猜。蕾孟的婚礼是在第五大道的天安教堂里举行的简单仪式。对于严幼韵来说这是第一个女儿出嫁，是这么多年来杨家最大的喜事，所以严幼韵格外的重视。她亲自为茜恩和雪兰缝制了伴娘的礼服。这让严幼韵回想起当年和光泩结婚时的场景。虽然那个时候举行西式婚礼的人并不多，父亲对于结婚的时候要穿洁白的婚纱和鞋也感到有些困惑，但还是尊重了女儿的心愿。此时的严幼韵，鬓角已经生出白发，手中的针线在记录着过往的岁月，也寄托了对未来美好生活的热望。

婚礼举行的时候，当看到蕾孟幸福地挽着崇毅走过人群，走向礼堂的时候，严幼韵激动不已，甚至无法用语言来表达内心的感动和欣慰。婚礼之后的蕾孟追随着崇毅去长岛大颈镇生活。这是女儿第一次真正的离开家，离开严幼韵。幼韵的心中有万般的不舍，但是必须面带微笑的送蕾孟离开，因为孩子已经长大，她需要开始自己新的生活。

多年以后，蕾孟希望母亲能有一本属于自己的传记，并把这个作为留给后世子孙最大的财富。这是女儿对母亲养育之恩的最好回馈。

除了家庭之外，幼韵还有很多朋友。这也是生活的一部分。

在严幼韵看来，正是有这么多的朋友，才有了现在的自己。无论是在上海，还是在马尼拉，无论是在伦敦，还是在纽约，严幼韵的身边总是会有很多朋友在帮助她渡过难关。

1949年，很多人从中国上海移民到美国纽约。这一次的移民潮送来了严幼韵很多老朋友。这些人都是严幼韵曾经生活在上海的时候结识的。比如严幼韵的好友王定珍，她们一起在沪江大学读书时，王定珍曾经和家人闹矛盾，居然就在幼韵的家里住了好几个月。那几个月里，幼韵和定珍每天快活地逛街，和朋友聚会。还有严幼韵的挚友蒋士云，1930年的时候，两个女孩子相识的时候才18岁，之后严幼韵的很多重要的人生经历都有蒋士云的见证。还有一位朋友施惠珍，1926年通过她的表妹介绍成为朋友，而那一年，严幼韵也不过20岁。而张嘉蕊是严幼韵和光泩1933年回上海的时候认识的朋友。还有另外的一位老朋友潘振坤和她的丈夫郭华德也是那时在上海认识的。还有就是在马尼拉患难与共的朋友，严幼韵的救星卓牟来和他的妻子周英霞以及他们的两个女儿都搬到了纽约。如果当年在马尼拉没有卓牟来的相救，也许严幼韵早已葬身在马尼拉的海湾。几次在最危险的时候都是卓牟来的鼎力相助，才有了今天幸福安康的严幼韵。

当这些老朋友都从上海来到纽约以后，严幼韵不再感到孤单和无助。因为几乎每个月大家都要聚会吃饭，每一次的碰面都让大家十分期待。到了夏天的时候，严幼韵会和朋友们到他们的乡村消夏别墅去，凉爽的山野间，尽是愉快的笑声。

朋友们聚会还有一个重要的事情，那就是打麻将。这是从遥远的上海带来的传统游戏。晚年的严幼韵，几乎每个星期都要组织一两场麻将派对。三五成群的好友经常坐在一起打麻将，可以从早晨到晚间，从晚间到黎明，从不嫌累。实际上，在打麻将的过程中，消遣的不仅仅是时间，沉淀的还有长久的友谊和浓浓的乡情。

自从 20 世纪 30 年代开始，严幼韵就不停地奔走在世界各地。对于故乡，无论是上海还是天津，都没有长时间的生活过。无论一个人漂多久，漂多远，故乡之思是无法抹去的。或许在最开始的时候，严幼韵对于上海，对于中国的思念并不是很深刻，但是随着日子的一天天过去，离开家乡的时间变得越来越长，那股从内心深处升腾出来的故园之思变得日渐清晰。

1972 年的时候，严幼韵曾经回国，在上海的家中为逝去的父亲庆贺他百年冥寿。

这是一次寻根之旅。在美国生活多年的严幼韵，早已经是儿孙满堂的奶奶。而这些美国出生、美国长大的孩子们并不知道在中国上海还有一个严家。这个严氏家族在民国的大上海是富贵的象征，是他们的妈妈或是奶奶出生成长的家园。70 年代的上海早已不是新中国成立之初的模样，虽然和现代化的美国大都市比起来还差得很远。但是，当严幼韵的儿孙们踏上祖国的土地，那一刻所有的人都热泪盈眶。因为这个地方，生活着的人们都是和他们同宗同族的黑头发黄皮肤的华夏子孙。终于到了一个不是金发碧眼的国土，所有的人都感到了亲切自然，没有丝毫的疏离的感觉。

上海的老宅早已经变成了高楼大厦，上海的民国名媛们都相继地香消玉殒。只剩下一位严幼韵，幸福、安和、优雅、从容地生活着。

当再一次踏上故园之时，严幼韵的腿、双手在颤抖。看到曾经风华正茂如今已是满头白发的姐姐莲韵，严幼韵百感交集。几十年的时光犹如白驹过隙，不曾有半刻的驻足停留。曾经枝繁叶茂的严氏家族，如今已经开枝散叶，遍及天下。

再一次看到父亲生前的照片，瘦骨嶙峋却目光迥异。多年的分别之后，当再一次手擎香炷，向父亲叩拜的时候，严幼韵无法倾诉衷肠。回想当年的父亲，轻轻拢起幼韵的眉头，宠爱有加地呵护着最心爱的女儿，如今女儿也已变成银发皓首。

这一次的祭拜是严幼韵第一次在父亲的灵前叩首跪拜。虔诚地呼唤着父亲。严家的女儿，上海曾经的名媛，“84号”小姐在历尽人世沧桑之后回到了生命的原点。感谢父亲的教诲，让严幼韵这般乐观、勇敢、坚强。感谢家族的印记让自己在世界上不再孤单。

时光荏苒，岁月在向所有人证明人生的宝贵。当所有的苦难都远去的时候，每个人应该做的就是好好地享受生活。

第八章

绽放－那些精心雕琢过的温柔岁月

心中最柔软的伤痛

当我们迈向老年，很多时候需要精神的皈依。当我们迈向老年，很多时候需要爱人的陪伴。相知相守的两个人能够幸福地携手相扶到老，是人生的最大安慰。

但是，对于严幼韵来说这些都变成了可望而不可即的奢求。光泩已经离开多年，当老年真的到来的时候，严幼韵多么希望有一个人能够陪在自己的身边，相互扶持着走到生命的尽头。严幼韵对光泩的思念从来没有停止过。光泩对于幼韵来说永远是一个美好的回忆，不曾有悲情。

可是天人永隔是人世无法改变的事实。严幼韵只能把对光泩的思念深埋心底，不去触碰，无法触碰。可是生活中的缺失要面对，寂寞长夜里，无法安眠的幼韵也会伤心、落泪。

当孩子们都开始自己全新的生活，严幼韵骤然感到生活出现了巨大的空缺。纵然有朋友们的陪伴，可是，人到老年，更加渴望的是有人能够在身边，一起在夕阳下散步，在黄昏时候看海。

在马尼拉坚守，在美国打拼，使严幼韵有了独立坚强的性格。外表坚强的严幼韵似乎不需要任何人的关注。其实和很多单身妈妈一样，她肩上的责任太重，一直在忙碌，以至于忘记了自己。但爱情就像是人类的食粮，可以给人温暖和力量。她爱过，懂得那种滋味。只是不知命运能否再次眷顾，能否再遇到一位知心人。浮华之后，她的内心深处一直在呼唤真情的再次出现。

这个时候，一位绅士走进了严幼韵的视线，走进了严幼韵的生活，走进了严幼韵的内心。这个人就是——外交官顾维钧。

早在严幼韵还在天津念书的时候，就曾经与顾维钧有过一面之缘。如果说相识的话，或许比认识杨光泩还要早一些。当时的顾维钧已经是中国外交界鼎鼎有名的大人物，而严幼韵还仅仅是一个天真的少女。在马尼拉的时候，严幼韵因为杨光泩的工作关系结识了顾维钧。当时顾维钧给严幼韵留下的印象是严谨、持重，有绅士风度。除此之外，没有更多的交际。

之后由于光泩工作的关系，严幼韵和顾维钧也有过几次接触，但是都是一面之缘。彼此印象很好，但并没有过多的接触和了解，只是点头而过。

在来到美国之后，顾维钧第一次出现在严幼韵的生活中，是因为杨雪兰割阑尾。那时刚刚到美国，作为母亲最害怕孩子生病，举目无亲、束手无策的严幼韵情急之下给顾维钧打了电话，完全没有想到的是顾维钧之后的表现。在雪兰肚子痛得满床打滚的时候，顾维钧出现了。那已是午夜，顾维钧带着雪兰到附近的医院看病，办理住院，手术的时候一直在外边陪着严幼韵等待消息。

那时的严幼韵感到了一种温暖。之后严幼韵供职于联合国时，顾维钧正出任驻美“大使”。由于工作上的关系，两人便有交往，相互心仪。顾维钧每一次到纽约开会，都会特地去拜访严幼韵，去看她过得好不好，有没有遇到难处。顾维钧小心翼翼地保护着这份难能可贵的情感，生怕它变了味道。

顾维钧，当之无愧地是中华民国历史上一位传奇人物。这位浙江嘉定走出来的才子影响了半部民国史，与蒋介石、张学良都交往深厚。是中国近代史上最卓越的外交家之一。1912 年任袁世凯总统英文秘书，后任中华民国国务总理摄行大总统职，国民政府驻法、英大使，联合国首席代表，驻美大使，海牙国际法院副院长，被誉为“民国第一外交家”。

1918 年 11 月，代表中国政府出席巴黎和会。会上日本政府要求以战胜国的身份接管战败国德国在中国山东的一切权益。顾维钧为此准备了《山东问题说帖》，力陈中国不能放弃孔夫子的诞生地山东，犹如基督徒不能放弃圣地耶路撒冷，震撼欧美代表，扭转了舆论形势并博取列强同情。后由于意大利退出和会，英法美害怕日本的退出威胁生效而导致和会流产，于是将德国于山东的所有权益割让给了日本。此时中国代表团团长陆徵祥离开巴黎。因此顾维钧实际上暂摄团长职权，在他的主持下，中国代表团拒绝在合约上签字。在维护中国在山东半岛的主权等问题上做出了努力。这应该是顾维钧一生中最重要的事件。在外强林立的巴黎，顾维钧虽是弱国的使臣，但是丝毫没有半点怯懦之态。

20世纪30年代，一家英国报纸的专栏作家曾提到这个熠熠生辉的名字，认为“中国很少有比顾维钧博士更堪作为典型的人了。平易近人，有修养，无比耐心和温文尔雅，没有哪一位西方世界的外交家在沉着与和蔼方面能够超过他”。

在光鲜的履历上还有更加引人注目的履历，那就是顾维钧与黄蕙兰的婚姻。有很多人说这场婚姻的产生完全是由于黄蕙兰的爱慕虚荣。作为富商之女的黄蕙兰十分倾慕当时顾维钧的社会地位，所以结了婚。

黄蕙兰的父亲黄仲涵是华人企业界赫赫有名的“糖业大王”，富可敌国。黄蕙兰从小受过良好的教育，会荷兰语、马来语、英语、法语；音乐、舞蹈、书法面面俱到；骑马、开车、交际样样出色。顾维钧对她发动了猛攻，不断地请她听音乐会、看歌剧，散步、喝咖啡。当黄蕙兰斜倚在法国政府专为顾维钧提供的轿车里在马路上兜风时，当她坐在只有外交官才能享用的包厢里欣赏音乐时，她感到无比的自豪和荣光。她明白，钱不等于权，这些都是父亲用再多的钱也买不到的。

黄蕙兰成了外交官夫人后，由于她气质典雅，又谙熟欧洲风俗和多国语言——她的法语，连顾维钧都自愧弗如——在外交舞台上如鱼得水。顾维钧回忆说：“她很帮忙，昔在巴黎时，帝俄时代的王公伯爵都逃亡法国首都。他们虽失政权，但在法国的高级社会里拥有势力。她喜欢和他们结交。在使馆里常三日一大宴，五日一小宴招待他们。全用她自己的钱。”

黄蕙兰为树立中国人的形象，不仅把自己打扮得高贵典雅，还

“改造”顾维钧，从他的发型、穿着入手，以至教他跳舞、骑马，她还斥巨资把中国驻巴黎使馆修葺一新。难能可贵的是，黄蕙兰还热心投入华人慈善事业。“二战”期间在伦敦，她加入当地红十字会组织的救护工作，被派到遭敌军狂轰滥炸的贫民区，每日工作 8 小时，坚持了 4 个月。

顾维钧是位敬业的人，总是在外忙碌，对妻子的关怀自然便少了些。黄蕙兰说：“他对待我，就是忍让，供吃供住，人前客客气气，私下抛在一边。”于是，她下了判词：“他是个可敬的人，中国需要的人，但不是我所要的丈夫。”

男人最珍贵的财产是温情的善解人意的妻子。但是在黄蕙兰的身上顾维钧体会得少之又少。更多的时候，黄蕙兰和顾维钧的爱情更像是一种组合，一种习惯，一种资源的优化。顾维钧很难感受到恋人之间的温情惬意。

但是这桩婚姻在结合不久就处在“冷冻”时期。或许是黄蕙兰太过注重虚荣，而轻视了情感，或许在顾维钧的心中更想拥有的是一位相扶到老的伴侣。总之，这段冷战的关系几乎维持了将近 20 年，散局已定。

所以，当寡居遗孀严幼韵出现在美国的时候，顾维钧越来越关注这位传奇的女子。显赫的家世早已经成了过眼云烟，但是高贵的气质依然还在，漂离动乱的生活并没有摧垮严幼韵，反而是让这位历尽铅华的女子身上有一种独特的韵味。

华盛顿、纽约近在咫尺，顾、严的过从益发频繁起来，恋情渐渐地发展到心心相印了。可是严幼韵的内心一直有一处柔软的伤痛。

那就是杨光泩的离去。当多年以后，严幼韵想起已故的丈夫时依然会伤神。对于严幼韵的内心，顾维钧深刻地感受到了严幼韵的苦衷和为难。所以，最好的爱就是等待和陪伴。

当严幼韵的女儿们都结婚生子，当严幼韵在联合国礼宾官的工作上辞职，顾维钧的等待就到了最后的时刻。

深藏在顾维钧内心的深情再也不能被掩埋。顾维钧对于严幼韵的爱是成熟的爱，并不是青春年少的狂热，并不是寂寞孤独时的慰藉，而是深沉而严肃的爱。他爱严幼韵的端庄，爱严幼韵的优雅，爱严幼韵的贤惠，爱严幼韵的温顺。这是一种历经岁月沧桑的深情。或许，对于顾维钧来说，他自己也无法说清楚是什么时候爱上了这位女子——严幼韵。但是，这真切的情怀不能再被阻挡，因为垂暮之年，心无他求，只愿得一人，白首不相离。

是怎样的重情重义，才换来了长久的陪伴，是怎样的倾心爱慕，才有最后的携手相伴到老。对于已过古稀之年的顾维钧来说，需要的是年老时的一根拐杖，而严幼韵温情体贴，是顾维钧最好的选择。

万里邮航一日程

很多人说爱情属于青春，因为青春洋溢的年龄才有激情去爱恋、去相思、去感伤、去缠绵。但是爱情不仅仅属于年轻人，它应该属于一切能够勇敢去爱的人。不分年龄，不分尊卑，无论身份，无关国界。只要是认真地付出一段感情，总会收获爱情的甜蜜芬芳。

顾维钧经历了三次婚姻，备尝酸甜苦辣。72 岁的他与小他 20 岁的严幼韵相知相守，这是一段没有任何功利色彩的纯情之恋。顾维钧把爱的方舟泊在严幼韵温馨的港湾，永不起航了。

这是一种勇气。现今社会经常听到有人大呼再也不相信爱情了，没有力气再爱了，等等，这样的年轻人可以读读岁月里的老故事。爱是生活的主旋律，爱的能力是不能丢失的本真。顾维钧就是这样的勇敢者，七十多岁的老者还能和心爱的人携手走进结婚的殿堂，令人感动。

在孩子们都开始自己的生活之后，顾维钧和严幼韵打算在顾维钧和他的妻子黄蕙兰办完离婚手续就立刻结婚。但是出乎意料的是，黄蕙兰十分不舍得“大使夫人”的头衔，拒绝在他退休之前离婚。顾维钧 1956 年卸任“驻美国大使”一职，终于办理了离婚手续。

顾维钧此时再也没有“婚姻”的牵绊，于是表白真情就变得自然而然。

就在严幼韵和顾维钧憧憬着美好的时光的时候，位于荷兰海牙的联合国国际法院法官徐谟在任期还差一年时去世，顾维钧被推荐接替他。1957 年，顾维钧不得不立刻动身前往海牙，随行的还有他的秘书吴权。这一次的分离，让两个老人的内心更加清楚彼此的重要，所以顾维钧这一次没有再遮掩自己的情感，而是任由释放。

自前往海牙赴任之后，顾维钧对于严幼韵的思念变成了绵延的河流，穿过了大西洋，来到了纽约，所以1957年10月30日身处海牙的顾维钧写给远在纽约的严幼韵的诗：

夜夜深情思爱人，
朝朝无缄独自闷。
千种缘由莫能解，
万里邮航一日程。

这是怎样的深情，怎样的思念才能够写出这样的深情诗句。

这段佳缘开始的时候确是由于一封千里之外的情书。很难想象，七十岁的老人还能提笔为远在他乡的心上人写情诗，是怎样的一种情怀促使着顾维钧寄出了这份信件。而收到信件的严幼韵又会是怎样的心情？

多年之后，严幼韵依然留存着当年顾维钧手书的情诗。字字工整，一笔一画中深藏着顾维钧对于严幼韵的相思之情。一首情诗打动了严幼韵的心，她无法再回避这份真挚的感情。

接到这份情真意切的情诗之后，严幼韵当即决定前往海牙。

赶到海牙之后，严幼韵看到的顾维钧身形消瘦，精神落寞，面色苍白。原来吴秘书的太太要求顾维钧每天吃以罗果子盐，用来清理肠胃，一个月下来，顾维钧瘦了大概九公斤。

1959年9月3日，顾维钧和严幼韵终于在墨西哥城举行了婚礼。

不同于与杨光泩结合时的盛大婚礼，幼韵的第二次出嫁，简朴、温馨，也不乏郑重其事。老先生一身西装笔挺，幼韵一身白色旗袍，当着为数不多的宾客，新婚夫妇签下婚姻承诺，头发花白的新郎，为喜笑颜开的新娘戴上婚戒。

婚礼的仪式只是要告诉世人两个彼此相爱的人希望相携到老。所以曾经的华丽婚礼在今天这个场合里变得黯淡无光。简单的仪式，简单的话语，却蕴含着一个世纪的深情厚谊。让所有的人为之动容。漂泊半生的严幼韵终于在顾维钧那里找到了心的皈依。

如果说，幼韵和杨光泩的婚姻是金童玉女、天作之合，那么，她和顾维钧的结合便是相濡以沫、陪伴扶持。前者灿如朝霞，后者暖若安阳，幼韵是幸运的女人，获得了两位杰出男士矢志不渝的爱情。

每当面对老妻，顾维钧就不是外交家了，而在丈夫面前，幼韵放下了名媛淑女范儿。两人平时一起散步、滑雪、照看孙辈。在共同生活的25年里，他们的生活富足、平和，终于可以摆脱一切矜持和伪装，做一对世间最普通的老夫妻。

严幼韵是上海著名绸缎庄“老九章”老板的后裔，复旦大学的校花。曾经民国名媛，大家闺秀，和顾维钧的丰富阅历相得益彰。

严幼韵是位善于理家、精于治家的女主人。婚后她把精力倾注在照顾丈夫的生活上。为他备大量的中英文报纸供他阅读；同他聊天，让他身心愉悦；陪他散步，让他恬静怡然；为他安排牌局，供他消遣取乐。他打牌从不算牌，不扣牌，十打九输。有人表示礼貌，让他当赢家，他绝不接受，总把钱塞在输家的手中。往往“牌完站起来，幽默地问：我是赢了，还是输啦？倒在床上，便入梦境了”。

婚礼之后严幼韵整理了埃尔多拉多公寓的物品。在严幼韵花甲之年，再一次起程，这一次奔赴的是一个依托晚年的人。这一次的漂泊，是幸福的开始，不再感到奔波劳累，而是幸福满满。

在海牙的日子是愉快的，同时也是有些单调的。顾维钧早上的时候去法院办公，中午的时候会回来吃饭。当晚些时候，结束了一天的工作之后，顾维钧再从法庭散步回家。可能是和从事审判裁决的工作有关，顾维钧晚年的生活很有规律。

在整个顾维钧工作的期间，严幼韵一直作为一名忠诚的妻子在身旁陪伴。当日子实在无聊的时候，严幼韵会搭着电车去市中心购物，每个周末都会约朋友到家里来聚餐。正当严幼韵对于枯燥的生活感到头疼的时候，孙辈们成了严幼韵最好的依伴。

1961 年，夏天的时候，茜恩来电说她已经怀孕了，整个家庭都为之激动。

此时的幼韵需要回到美国，照顾即将生产的茜恩。虽然严幼韵的内心还是有诸多的放心不下，可是顾维钧还是告诉严幼韵，他会照顾好自己。一位将近八十岁的老人对妻子做这样的承诺，看似是一个听话的孩子在向母亲做好好学习的保证。这样的情景该是怎样温馨和滑稽。这就是古稀之年的两位老人的爱情。没有轰轰烈烈，没有儿女情长，只是默默地扶持和长久的陪伴。感动了彼此，感动了世人，感动了你我。

之后的很长一段时间里，都是孙辈们陪伴在两位古稀老人的左右。

严幼韵很喜欢小孩子。当茜恩怀孕六个月的时候，严幼韵把顾维钧托付给了吴妈，自己回到美国纽约，照顾待产的茜恩。照顾茜恩的日子让严幼韵再一次感到了新生命的美好。

1965 年 8 月，蕾孟带着茜恩的大女儿芝瑛前往海牙探望两位老人。芝瑛的到来给海牙枯燥无趣的生活增添了许多乐趣。顾维钧十分喜欢小孩子，也许是因为生命已经接近终点，所以对于小孩子总是特别地喜爱。1966 年的春天，骝千和茜恩回香港的唐家探亲，她们让芝瑛和瑞英在海牙这里住了六个星期。和孩子们在一起的时光是幸福快乐的。顾维钧和孩子们几乎每天都出去玩。

几乎每一天，顾维钧都会带着孙辈们去海滩，挖沙、踏浪、骑驴。而严幼韵则十分偏爱下午茶。这些对于顾维钧来说都是全新的体验。因为孩子们给家里带来了“温暖的家庭气氛”。

1966 年 3 月，荷兰的比阿特利克斯公主嫁给了德国人克劳斯 · 冯 · 阿姆斯特丹。所有的法官都参加了婚礼和之后的宴会。并且在中国厅受到了款待。这是一次奇妙的经历。荷兰的王室不像是欧洲其他的王室那样有众多的繁文缛节来约束众人。整个宴会都在轻松愉快的气氛中进行。这应该是严幼韵在海牙不多的社交活动中最隆重的一个。严幼韵的英文名字是“朱莉安娜”，因为与荷兰女王的名字相同，所以在海牙，严幼韵一直用的都是中文名“幼韵”。在严幼韵看来这是对皇室的一种尊重吧。

在海牙的时候，经常有朋友来访，幼韵都会带着朋友四处转转。幼韵会带着他们去一些博物馆、美术馆之类的地方参观。还会为到访的朋友们举办鸡尾酒会或是晚宴。如果是幼韵的孩子们来海牙看他们，幼韵就会把近期出去玩的照片拿给孩子们看，一起分享幸福的日子。

1966年夏天，严幼韵退掉了海牙的房子，因为第二年顾维钧的任期就到了。严幼韵在纽约的公园大道租了一间公寓。经过多年的漂泊，晚年的严幼韵十分渴望最后可以有一个安定的家。

幼韵依然全身心地照顾着顾维钧，使他更健康，更舒适，更快乐。而且，顾维钧也确实在幼韵的关心照顾下，生活得更加滋润。

顾维钧是个生活很规律的人，回到纽约之后，也一直保持着多年来的习惯。起床之后先喝一杯热柠檬水，然后做运动，有条不紊地锻炼手臂、腿和后背。自从在韦尔小镇滑雪摔伤肩膀之后，医生一直怀疑维钧是否能够完全康复。维钧采纳了医生的建议，用手指沿着门逐步上行，最终他的手臂可以完全伸开了。直到现在，幼韵家的门上还留有顾维钧的手指留下的印记。

完成锻炼之后顾维均就开始阅读《纽约时报》，九点半左右开始用早餐。每天的生活都十分地有规律。严幼韵也严格地按照顾维钧的作息时间对一天的事情进行合理的安排。

漂泊一生的严幼韵终于在晚年的时候定居美国。或许是岁月的脚步已经蹒跚，或许漂泊的心想要安定的生活，或许什么都不为。但是在垂暮之年，能够和心爱的人共同走过剩下的时光就是最大的幸福和安慰。

尽管严幼韵在过去的111个春秋里，绝大多数的时间都是在到处漂泊，但是，严幼韵内心一直有一处地方安放灵魂。不论一生漂泊何处，皈依永远是内心的纯净。不念过去，不畏将来。在一颦一笑中走完人生最后的道路，亦是一种优雅。

凌晨三点的爱

人人羡慕少年时的爱情，因为它鲜嫩，光华万丈，每一次心痛与承担，都是酣畅淋漓的纯净。及至成年，已然独立的人生里，需不需要另一个人已经是不再重要的事。两人要在一起，就像两个已经完整的圆，需要各自退让出自我镇守的藩篱，才能找到相处的空间。

顾维钧和严幼韵的爱情向来为人所称道。源于两人的暮年之恋平和而温馨。早已过了海誓山盟的年纪，两个人相濡以沫地走过二十几个春秋，维持这段感情的关键就是两个人的真情。君子之交淡如水，就是这样的一种意味。不狂热，不矫揉，不造作，不浮夸。就是从容平淡的生活充盈着彼此的内心。

对于独立一生的严幼韵来说，更是如此。人生已经过了知天命之年，女儿们都已经寻找到了自己的归宿，孙儿们已经来到这世上。每次听到稚嫩的声音叫着外婆，这一生的回忆便成了此刻幸福的背景，还有什么不值得？

对于生命的守望变成了最后的安详，无论剩下的日子以何种形式走过，严幼韵都认为那一定是最好的结局。可是意外的事情发生了，生命中出现了一个让严幼韵无法割舍的人。

生命中姗姗来迟的顾维钧，又是以何种形式成为严幼韵独立人生的一部分呢？两人结婚时，一位已经54岁，一位已经是71岁。接近20岁的年龄差丝毫没有阻止两个人走在一起的脚步，反而令那相知相守的脚步迈得更加坚定和从容。

早在几十年前，两个人就有一面之缘。那应该是在天津的那个聚会里，彼时的严幼韵还是青涩的少女，彼时的顾维钧也是他人之夫。或许曾经有过擦肩而过的相逢，或许曾经有过相视一笑的邂逅。命运总是犹如顽皮的孩子在捉弄世人的情感。曾经相逢未相知，因为缘浅不肯倾。

曾经的相遇都是人生的过客，今天的相守才是真情的流露。很多时候，人生就是这么奇妙。缘分的安排没有人能够说得清楚。而只有真情的守候才能换来云开月明。

当两个人经历了人生的兜兜转转，有过各自的海誓山盟和刻骨铭心之后，再一次的相遇显得那么自然流畅，再一次的邂逅又是如此地令人回味无穷。

在岁月的长河中浸泡得越久，对于情感的把握就越沉着。顾维钧与严幼韵都有过一段婚姻，严幼韵丧偶，顾维钧离婚，兜兜转转已至人生的暮年，时光已然不多，对于爱情与相守，两人心有灵犀。

有一种懂得，叫将心比心。严幼韵自己也是外交人员，她了解顾维钧所有的心情，她能感知顾维钧独处的需要，她能明白顾维钧严肃面容下沉淀的心情。外交无小事，严幼韵是一位细心的妻子，她对顾维钧的情感——隐藏在生活的每一个细节里。

严幼韵更是一位独立的妻子，顾维钧喜爱体育锻炼，她并不喜欢这些，也不打算去学。如果他在游泳，那么她就在一旁的遮阳伞下看书；如果他在锻炼，那么她就在一旁与其他外交人员攀谈，对各地风土人情知之甚详的她，言笑晏晏间就能为顾维钧解决掉棘手的问题。

对于顾维钧来说，他需要一个与他同等品位与层次的妻子相互照顾，更需要一个理解他工作、支持他工作的同伴一同进退。对于严幼韵来说，家里的一切事宜她手到擒来。不再婚她也能拥有美好的晚年生活。因为彼此不需要那些外在的支持，一切便成了内心的选择。

两人独立，真正的爱情便产生了。顾维钧欣赏严幼韵坚强之下的坚守，敬佩她的独立与自强，更爱慕严幼韵的优雅与乐观。严幼韵被生活逼到最狼狈的时刻，头发都不会有半分凌乱，她内心自有一股精气神，支撑着她无论遭遇什么，都能处变不惊地过好自己的生活。而顾维钧也是对生活有着近乎苛责的渴求。或许因为上一段婚姻的失败，所以对于这一段古稀之情，就愈发珍重。不肯轻易地说出口，怕说出的是内心的隐情，换回的一句坚定的拒绝。就在两个人彼此关怀的同时，又是彼此考量着，审视着，经营着。爱情本不该掺杂太多附加的东西，但或许有时会有意外之举，原因很简单，因为爱得深沉，所以才显得犹豫迟疑。

两颗孤寂的心灵碰撞在了一起，手挽着手步入了结婚的殿堂。再一次地选择婚姻，对于彼此来说都需要很大的勇气。婚后的生活是幸福的。年迈的顾维钧牵着妻子的手，漫步在夕阳里。从容的面庞里不曾有过沮丧和忧愁，不仅仅因为活得坦然，活得无欲无求．更是因为在顾维钧的身边有严幼韵的陪伴。最美的妻最美的人，严幼韵为晚年的顾维钧带来的不仅仅是一点点生活的慰藉，更多的是让劳碌奔波了大半生的他感受到了从未有过的温情。

两人的生活平静而简单，顾维钧把早餐视为正餐，所以丰盛的早餐是他一天的生活开始。一个半小时的早餐时间里，细嚼慢咽的顾维钧吃着早餐，妻子严幼韵则在读邮件，打电话，忙个不停。点点滴滴的生活汇成了记忆的长河。年轻时的幼韵和光泩在一起的时候更多的是惊心动魄，是血雨腥风。但是晚年的严幼韵和顾维钧在一起体会到的是平实的生活。这样平淡如水的日子让人的心都静了，安了。或许，这是上天送给严幼韵最好的晚年礼物。

顾维钧信奉健康主义，每一口早餐都要嚼满 28 下才肯下咽，这段时间里，严幼韵就静静地陪着他，她用早餐的时间并不多，所以大部分时间里，都是她特意陪着他。到下一餐，中餐时他要下午三四点才吃，而且顾维钧只是用一点面包，喝点汤。晚餐更是如此，不论有没有客人，他只是少少地吃一点。

这样的作息习惯，与顾维钧长期以来的工作安排不无关系。严幼韵非常理解他，更尊重他所有的习惯。每天夜里 12 点，严幼韵都会在走廊里留一盏灯，在他的床头放上点心和饮品，再去睡觉。

当顾维钧三四点钟习惯起来读书的时候，便会看到妻子特意留的灯还有床头上的点心和饮品，那是严幼韵专门提醒他吃东西的时间。这是顾维钧的习惯，一般会读一个小时的书，然后再睡觉。很神奇的是，每当顾维钧看完书睡觉时，严幼韵也会醒来，看到灯已关，也就明白丈夫已经用过点心，这时她再安心睡下。

有一次，顾维钧在散步的时候久久不归，严幼韵焦急的等待，最后变成了疯狂的寻找。当顾维钧的身影再一次出现在严幼韵的眼里时，严幼韵不知是喜是泣。原来散步时顾维钧忽然想起要为爱妻买一件礼物，所以不辞辛苦地徒步远行，买回了要送给妻子的礼物。这是个天真的孩童，有一个透明的心，照亮了严幼韵的心田。

简单的相守，却是处处流露出体贴与温情。世上能有这样一个人，迁就自己的习惯，顺着自己的时间表，一点一滴细致入微地照顾自己的生活，可以说，顾维钧每天的生活都非常幸福。而顾维钧向他人说的最多的一句话便是："为何我能活到 90 多岁，那是因为有了妻子的照顾。"

是啊，就是这样的照顾才能见得严幼韵对于顾维钧的深情。很多时候，严幼韵总是充当着护士和管家的身份，而不是一个需要被照顾的妻子。严幼韵对于顾维钧的照顾是用心的。

而在严幼韵看来，顾维钧真心待自己，从不勉强她做任何不乐意的事情。哪怕是工作安排，都会事事以她为先。体谅她的心情，征求她的意见。两个曾经孤独而独立的灵魂，却在世事纷扰之后，得以享受宁静而安稳的幸福。此刻，大使已经不再重要，礼宾官也早已是笑谈间的往事，怀揣着往昔岁月留给彼此的回忆，用岁月涤荡过的智慧，来过最普通的人生。

这样的圆满，是对一生努力与坚守的最好回答。

凌晨三点的爱，是感动多少人的暖意，是催生多少期许的真情。

正是严幼韵的无微不至的照顾，才有了顾维钧脸上的笑意和内心的平和。多年的努力，多年的付出，终是一个感人的童话。在这个迟来的童话里，王子是幸福的顾维钧，公主是温情的严幼韵。

心有福田终成福荫

我们心存善根，终成福田。每一个人的人生都是一次无法复制的经历，其中一定有着欢笑和泪水。有着爱恨和情仇。如果我们每一个人的内心都存有一份善缘，定会滋养出一块福田。

晚年的严幼韵很幸福，儿女孙辈都是孝顺和善的人。他们身在四面八方，五湖四海，但是他们的心中永远牵挂着这位老人。因为是这位年过百岁的老人在20世纪40年代带着三个孩子来到美国，才有了现在这个大家庭。

现在，身在美国的严幼韵已经111岁了。可以说严幼韵见证了一个世纪的沧桑巨变。对于一个普通的人来说，人生能够延续一百个春秋冬夏，这简直是一种奢求，更何况是一位经历了动荡岁月的女人呢?

可是严幼韵做到了。她向所有的人讲述了长寿的秘诀！在严幼韵的百岁生日宴上，严幼韵做了平生第一次演讲。虽然老人的听力下降了，眼力也没有之前那么敏锐了，但是头脑是清楚的。在百岁寿宴上严幼韵向所有的来宾致谢：

我从来没有做过演讲，但在百岁之时知道应该尝试一次。

对于我的长寿秘诀，大家都有自己的看法。事实上，答案就在这个房间里。拥有如此众多的朋友和家人，我感到非常幸运，许多人都是克服种种不便来到这里的。

我很高兴每年有一次这样的机会使杨家和顾家子孙从世界各地团聚在这里。其实不止生日，一年中很多年轻朋友尽心照顾我、招待我。几个星期以来他们一直在庆祝我的生日。

我只有一个秘密：乐观。不要纠结于往事，多花些时间思考如何创造更美好的未来。在我一生中，不管遇到何种困难，我总是认为会有人伸出援手，事实也的确如此。所以我要感谢在座的所有人，我的家人，顾家和杨家子孙以及我的朋友们，你们从世界各地赶来，你们才是我长寿的秘诀。

2005 年 9 月 25 日的这次生日寿宴的特殊意义，不仅仅是因为这是严幼韵一百岁的生日，更是因为百岁老人还能乐观、健康、快乐地站在大家的面前，和所有宠爱她的人分享人生的真谛。

长寿是没有秘诀可言的。在这个世界上，曾经有多少人为长生不老而一生求索。想象着千年以前，秦始皇统一六国，万民安顺，四海归一。贪恋帝位的始皇帝想要世代为皇开始探索海外的仙山。这是一个多么可笑的故事。人不能长生不老，这是人的一种奢求，是贪婪的人们对于生命的奢望。但是严幼韵百岁人生告诉我们，长寿的秘密就是做一个宅心仁厚的人，做一个心存善念的人，做一个看淡世间荣辱的人。因为每一个人的人生都是与众不同的。最好的秘诀就是做一个乐观的人，一个心胸宽广的人，一个己所不欲勿施于人的人。

心有福田终成福音。当岁月的钟声敲响一百下的时候，来为严幼韵庆贺的人不仅仅有杨家的子孙，还有严家的子孙，顾家的子孙，更有严幼韵多年来曾经帮助过的人们，乐善好施、广结善缘是严幼韵能够在百岁之年依然有许多年轻的朋友宠爱照顾的原因。

一个庞大的大家庭因为一个坚强、乐观、勇毅的女子得以开枝散叶，名满天下。一个家族血脉的传承因为一个女子的坚持、倡导、传扬得以绵延四海天地。

不仅是家人，还有朋友，不仅是朋友，还有严幼韵所资助过的家里的仆人或是仆人的孩子，或是素未谋面的陌生人。严幼韵都伸出了援助的双手。

晚年的严幼韵依然沿袭着祖父的家风——乐善好施。广施恩德的严幼韵所资助的孩子数不胜数。他们有管家的儿女，有亲友的后代，有厨师的子孙。无论是什么人，只要是结识了严幼韵，定会得到这位宅心仁厚的老者的善意的帮助。这种帮助不是施舍，不是同情，不是怜悯，而是真正发自内心地希望所帮助的人得到幸福。严幼韵常说：这一生遇到的磨难无数，每一次总能得到他人的帮助，逃离困境。所以现在严幼韵也要回馈这份恩情，回馈给一切需要帮助的人。

命运的捉弄似乎从来不会停下它的脚步，百岁老人又将迎来什么样的人生拷问呢？

谁能够想到，这位百岁老人在2005年之前，刚刚经历了人生的两次重创。一次是1992年的时候，严幼韵最心爱的小女儿茜恩的离开。白发人送黑发人的感伤是无法名状的。茜恩在发现患有大肠癌到最后离去整整经历了一年的时间，在这一年里，茜恩对病魔进行了顽强的抵抗。很多时候，严幼韵和家人们都认为茜恩是可以打赢这场仗的。当茜恩最后被病魔夺去了生命的时候，严幼韵无比地悲痛，但是在之后的事情看来，失去了一个女儿，却多了一个儿子——唐骝千。骝千在茜恩去世之后依然承担着照顾严幼韵的责任，并且更加地无微不至。

第二次重创是2003年的时候，幼韵被检查出患有大肠癌。同样的厄运再次降临到母亲的身上，严幼韵觉得自己的大限将至。所以，尽管蕾孟和雪兰还有其他很多朋友都帮助严幼韵进行积极的治疗，但是严幼韵并不想治疗，只是想摆脱主治医生能够让她不那么痛苦地离去。百岁老人，罹患癌症。这在很多人看来都是一个不好的事情。没有人会想到，严幼韵还能战胜病魔，很快地好起来。就连严幼韵自己也认为这是最后的期限。当人把生死都看得很淡的时候，就没有什么是无法战胜的。

直到最后结识了医生珀斯穆里迪斯医生。这位医生严肃地告诉严幼韵一定要积极地接受治疗，因为只有这样，她才能很快地好起来，并且和朋友们一起过一百岁生日。最终严幼韵接受了大肠癌的手术，并且住了五天医院。在整个住院的过程中长女蕾孟未曾离开过，只是睡在病房里的一张帆布床上。

是女儿们的细心照料才有了手术之后恢复迅速的严幼韵；是孩子

们和朋友们不放弃的努力，才使她有了接受手术的勇气。严幼韵在接受手术的那一天，心情依然是平静的、无所畏惧的，因为在她看来，人生已经没有遗憾，无悔人生的最后谢幕究竟是以何种形式已经不再重要了。

手术后严幼韵很快地忘记了癌症的事情，在几个月之后的生日宴会上，与她的主治医生一同翩翩起舞。这件事情让所有的人感到惊讶，很难想象，一个 97 岁的老人，在接受了癌症治疗之后的几个月时间里，竟然能够精神矍铄地站在世人面前，还是穿着高跟鞋翩翩起舞。

严幼韵常说，虽然自己已经过了百岁之年，身体的各个器官都不再听话，但是，当她去美发店的时候看到一些比自己年轻的人，有的甚至年轻几十岁的人却只能依靠轮椅生活，严幼韵就感到自己的幸福和快乐！

生命应该是一个有质量的享受过程，不应该变成是一种苦挨日子的受难过程。如果事情真的变成那个样子的话，严幼韵情愿了此余生！

从严幼韵 90 岁开始，家人们就会为她举办生日派对。并且一年要比一年隆重，一年要比一年盛大。以至于到现在，每一次过生日的庆祝宴会都会持续几个星期那么久。杨家、顾家、薛家、唐家、严家的子孙们会从世界各地赶来，赴这场生日宴会。在这个过程中，不仅仅是对老人健康长寿的祝愿，更是一种家庭的大聚会。

不同姓氏的家人从四面八方赶来，准备着各种别出心裁的节目，只是为了博“老太太”一笑。比如女儿蕾孟和雪兰会想出很多新奇的点子，为母亲严幼韵祝寿。在2007年的派对上，严幼韵孙辈所生的孩子们，纷纷打扮成20世纪二三十年代上海青年的样子，八九岁的小男孩儿穿着马褂布鞋，戴着具有上海风情的毡帽，表演了精彩的节目。在所有的演出结束之后，所有的家人和朋友们都一一上台，向年迈的严幼韵献上一枝火红的玫瑰花。

这一温馨的小细节感动了严幼韵，让她感受到了温暖和爱意。看着小孩子们一个一个地上台来向她献花，严幼韵仿佛看见了百年光阴流动起来，那些往事汹涌地袭来，占据了她的心。恍惚间，她看见许多往事，感觉自己仿佛也回到了少女时代：

那时，豆蔻年华的严幼韵，迎着晨光，穿着“老九章”绸缎铺里新进的有着精美花纹的布料做成的新衣服，脚穿着高跟鞋，洒着香水，驾驶着84号汽车，从上海的街头驶过，和暖的春风在脸颊拂过，一切都是那么美好……

后 记

光影百年，岁月流光。

世间有很多动听的故事，世间有很多优秀的女子。

一袭旗袍，香水高跟。这个优雅的女人就是严幼韵。风雨百年，如此历尽沧桑的一个女子，走过岁月的坎坷，走过人生的苦痛。依然微笑着走向美好的未来。

出身名门的严幼韵本该过着舒适安逸的生活，本该是上海名媛中的一朵莲花，本该是命运眷顾的宠儿，本该是衣食无忧的贵妇名媛。但是自从杨光泩这位男子出现在生命中，严幼韵的命运就此改变。

不论是欧洲还是东南亚，无论是香港还是上海，严幼韵都坚定地跟随着杨光泩的步伐，走过一个又一个幸福的时刻，走过一道又一道命运的门槛。或许是命运的安排，一定要让这个本该过着富贵奢华的生活的女子品尝人世的艰辛苦痛。但是无论如何，严幼韵眼角永远挂着笑容，优雅从容地走在民国的历史里，走在战争的烟云里，走在美国的摩登里，走在幸福的时光里。

严幼韵的生命里出现了太多的传奇，演绎了太多的经典，诠释了太多的智慧。这些都源于严幼韵的睿智、达观与从容。

有一种优雅叫从容，有一种智慧叫放下，有一种胸怀叫无畏。这是一个女子为我们演绎的一段传奇故事，这是一位百岁老人用人生诠释的繁华！

民国名媛的精粹在于显赫的家世、优雅的谈吐、端庄的仪表，深厚的学识、广博的见闻。除此之外，还应该具备的是特立独行的思想，坚韧不屈的性格，乐观积极的人生观。在民国名媛的群体中，严幼韵就是这样一位。

当洗尽铅华的记忆里依然有一道亮丽的风景线；当阅尽人世沧桑的生命中依然有被追忆的时光；当欢笑与泪水交织的锦缎上写满了人生征程，我们是否还会对曾经年少的一次回眸记忆犹新，我们是否还能为年少时的一次相逢而心内澎湃。

这就是人生，每一个人都无法重来的人生。严幼韵用自己百年人生向我们诠释了一位上海名媛的传奇人生。